Pilgerbuch EDITION

Der Mont Saint-Michel und andere Pilgerorte in der Normandie

Von Petra Kammann

Dieser Reiseführer entstand mit Unterstützung von
Atout France

EINFÜHRUNG

DER MONT UND DAS PILGERN

PILGERWEGE UND -ORTE

NORMANNISCHE LEBENSART

HISTORISCHE STÄTTEN UND PERSÖNLICHKEITEN

PILGERLITERATUR UND GEBETE

PRAKTISCHE INFOS VON A BIS Z

ZUM NACHSCHLAGEN

Bienvenue in der Normandie,

das Wort Pilgern steht für „in die Fremde gehen“. Aber Sie werden schnell merken, dass Normannen Reisende herzlich in ihrer Region willkommen heißen. Baumeistern sakraler Monumente – wie die über dem Meer schwebende Abtei des Mont Saint-Michel – aber auch Künstlern wie Claude Monet galt dieser Landstrich als Inspirationsquelle. Die Impressionisten fanden ihre Motive im Seine-Tal, an der 600 km langen Küste und zum Beispiel in Form der gotischen Kathedrale in Rouen. Heute zählt der Mont Saint-Michel ohne Zweifel zu den beliebtesten Fotomotiven der Normandie. Jedes Jahr kommen etwa 3 Millionen Besucher zu dem heiligen Glaubensberg, der 1979 von der UNESCO in die Liste des Weltkulturerbes aufgenommen wurde. Doch nur ein Drittel der Touristen nimmt die Mühen auf sich, bis hinauf zur Abtei zu steigen. Ich versichere Ihnen, dass Sie, oben angekommen, mit einem spektakulären Blick über die Bucht belohnt werden. Im Mittelalter gehörte der Mont Saint-Michel, neben Jerusalem, Rom und Santiago de Compostela, zu den wichtigsten Pilgerzielen des Christentums. Ich bin davon überzeugt, dass Ihre Reise zum Mont Saint-Michel nicht nur ein flüchtiges Foto, sondern einen bleibenden Eindruck hinterlassen wird.

In diesem Sinne: Bon voyage!

Ihr Jean-Louis Laville

Direktor des Tourismusverbandes der Normandie
Comité Régional du Tourisme de Normandie
www.tourisme-normandie.fr

Liebe Pilger,

Bruder François steht der klösterlichen Gemeinschaft des ***Mont Saint-Michel****, vor, die in benediktinischer Tradition dort lebt.*

der Mont Saint-Michel ist ein außergewöhnlicher Ort, der uns vielfach sensibilisieren kann. Hier erleben wir die Schöpfungsgeschichte ganz neu – als die Erde finster, öd und wüst war, ein Wind aufkam und Gott Himmel und Erde erschuf. In gleicher Weise ist einem hier der Exodus nahe, bei dem Moses die Israeliten lebend durch das Meer ins gelobte Land führt. Das wiederum ist österlich – denn diejenigen, die den Tod überwunden haben, erlangen das ewige Leben.

All das erfährt man hier ganz unmittelbar in der Natur, wenn man das Meer durchquert und spürt, wie es sich zurückzieht und wiederkommt.

Der „Mont" ist ein großer traditioneller Pilgerort, was viele Touristen gar nicht wissen. Etliche Jakobspilger starten vom Mont Saint-Michel. Auch ist wenig bekannt, dass es hier eine klösterliche Gemeinde gibt. Wiederum werden viele Touristen hier zu Pilgern. Andere machen schon an der Peterskirche halt und nehmen dort an einer Messe teil. Sie kommen gar nicht erst bis zur Abteikirche an der Spitze, wo täglich drei Messen abgehalten werden: die Morgenmesse (Laudes), die Mittagsmesse und die Abendmesse. Dabei begreift man noch mehr vom Geheimnis des Ortes, wenn man bis zum Ende geht. Auch der Schutzpatron selbst, der heilige Michael, ist faszinierend. Er ist sowohl der Beschützer Israels als auch der Prinz der Engel. Mit seinem ausgestreckten Finger weist er uns den Himmel.

Frère François, Prior der „Fraternités monastiques de Jérusalem au Mont Saint-Michel"

Das Berg-Wunder

Abbaye du Mont-Saint-Michel
B.P. 22
50170 Le Mont-Saint-Michel
Tel: 02 33 89 80 24,
Fax 02 33 70 83 08
www.monuments-nationaux.fr
abbaye.mont-saint-michel@monuments-nationaux.fr

Auch wenn der Mont Saint-Michel heutzutage nicht mehr offiziell zur Bretagne gehört, zählt er dennoch zu einem der wichtigsten Besuchsziele für Bretagne- und Normandie-Urlauber. Die mehr als dreieinhalb Millionen Touristen, die den „Mont" alljährlich besuchen, lassen leicht vergessen, dass es sich um ein uraltes Pilgerziel handelt. Seit mehr als 1000 Jahren pilgerten die Menschen zu den Reliquien des Erzengels Michael. In früheren Jahrhunderten wurden sogar alle Pilger von den Mönchen bewirtet, was sich heute angesichts der schieren Masse der Besucher von selbst verbietet.

Nach einer der Legenden zur Entstehung des Mont-Saint-Michel erschien zu Beginn des 8. Jahrhunderts der Erzengel Michael dem Erzbischof von Avranches, Aubert, im Traum. Er gab ihm den Auftrag, eine Kapelle auf dem Gipfel des **Mont Tombe** (Berg des Grabes) zu errichten. Über dieser Betkapelle errichteten Benediktinermönche aus St. Wandrille (denen diese Insel von Richard I. im Jahre 966 zugesprochen worden war) eine zweischiffige Kirche. Über der Kirche wiederum entstand im 11. Jahrhundert eine gewaltige romanische Abteikirche; die ursprüngliche **Notre-Dame-sous-Terre** wurde so zur Krypta. Um die neue Kirche zu stützen, mussten weitere Krypten mit mächtigen Mauern angelegt werden. Eine große Spende von König Philippe Auguste im 13. Jahrhundert erlaubte dem Kloster eine weitere intensive Bautätigkeit. Da der Platz begrenzt war, wurde in die Höhe gebaut. Die dreistöckige Konstruktion der Klosteranlage wird wegen der architektonischen Leistung als **La Merveille** (Das Wunder) bezeichnet. Im 14. Jahrhundert wurde der Berg im Hundertjährigen Krieg befestigt, damit er den Engländern standhalten konnte.

Aus der Vogelperspektive
Mit einem Ultraleichtflugzeug kann man bei gutem Wetter die Bucht des Mont Saint-Michel aus 900 m Höhe erleben.
Manche Tourismus
Tel: (0) 80 06 50 50
manchescapades@cg50.fr
www.manchetourisme.com

Ankommen in der Grande Rue: Souvenirs, Gastlichkeit und ein berühmtes Omelett

Hinter dem Parkplatz von der Porte de l'Avancée aus führt eine einzige Straße durch den gesamten Ort bis zum Kloster, häufig unterbrochen von steilen Treppen, direkt zur Abtei an der Südost-Seite des Berges. Dahinter verstecken sich ein paar kleine Gässchen. Mit dem Stadttor tut sich erst einmal eine ganz andere Welt auf: die der „Grande Rue", der geschäftigen Hauptstraße. An deren Souvenirläden, Crêperien und Restaurants, die sich wie Perlen an einer Kette reihen, bleiben etliche Touristen hängen.

Das berühmteste Restaurant ist zweifellos das von „Mère Poulard", das in der ganzen Welt bekannt ist. Die 1851 in Nevers geborene Annette Poulard hatte mit ihrem Mann 1875 die Leitung des damaligen Hotels und Restaurants „Tête d'or" übernommen. Da in dieser Zeit die Besucher und Pilger meist bei Ebbe zu Pferde oder mit Pferdewagen ankamen, waren sie so hungrig wie ungeduldig. Die umsichtige Gastwirtin hatte darum immer ein paar Eier in der Vorratskammer, so dass sie vorab schon mal ein köstliches Omelett zaubern konnte, um den ersten Hunger zu stillen.

Dadurch wurde sie blitzschnell weit und breit bekannt, aber auch durch ihre herzliche gastliche Art und ihre hervorragende Küche insgesamt. Heute kann man im Restaurant, das ihren Namen trägt, **Auberge de la Mère Poulard**, nicht nur das Omelett genießen, sondern auch die traditionellen

Gerichte der geschickten Wirtin wie z.B. das Salzwiesenlamm, bretonischen Hummer, Fische und Schalentiere aus der Bucht. Für ihre Kekse, Calvados wie auch für die traditionellen Kupfertöpfe und schönes Geschirr gibt es inzwischen sogar eigens eine „Boutique La Mère Poulard".

Früher bestanden die Häuser des alten Dorfes Mont Saint-Michel hauptsächlich aus Fachwerk. Viele von ihnen wurden zur Zeit der „Belle Epoque" abgerissen, um moderneren Gebäuden Platz zu machen. Jedoch wurde die Anordnung und der Aufbau des alten Stadtkernes beibehalten. Einige der bedeutendsten antiken Häuser des Ortes waren das **Haus der Arkade**, das **Haus der Artischocken** und das **Haus von Guesclin** und seiner Frau. Dieses Haus ist trotz der an ihm vorgenommenen Restaurationsarbeiten eines der wenigen alten Steinhäuser. Ein weiteres ist das Geschäft des weißen Hammels (**Magasin du Mouton Blanc**) gegenüber dem gleichnamigen Hotel – eine ehemalige Backstube.

Auberge de la Mère Poulard
Grande Rue – BP 18
50170 Le Mont Saint-Michel
Tel: 02 33 89 68 68
Fax 02 33 89 68 69
contact@merepoulard.com
www.mere-poulard.fr

Die Bedeutung des Klosters

Schon am Eingang des Klosterbereichs beträgt der Höhenunterschied zum Meeresspiegel 50 Meter. Von dort aus führt dann ein steiler Aufstieg, „Le gouffre", weiter nach oben und über die große Treppe, „Le grand degré", unmittelbar zur Abtei. Früher war das Kloster nur bei Ebbe – zu Fuß oder mit dem Karren – zu erreichen. Doch vor gut 100 Jahren wurde ein Damm gebaut, damit es unabhängig von den Gezeiten zu erreichen ist.

Im Kloster leben und arbeiten heute nur noch wenige Mönche, während der Mont Saint-Michel zu einer großen Touristenattraktion geworden ist, die von jährlich mehr als drei Millionen Menschen besucht wird. Weltweit berühmt ist die Insel vor allem wegen des 996 erbauten Benediktinerklosters, das die nur knapp vier Quadratkilometer große Insel dominiert – mit einem der besten Beispiele für französische mittelalterliche Architektur und für eine befestigte Abtei.

Im 10. Jahrhundert hatten die Herzöge der Normandie eine romanische Abtei errichtet. Sie wurde bei einem Brand teilweise zerstört, dann aber im 13. Jahrhundert wieder aufgebaut. Die aufeinanderfolgenden Bauformen verschlanken sich und ragen ständig höher mit Strebebögen und Steindekors gen Himmel. Als im 13. Jahrhundert die Romanik von der

Gotik abgelöst wird, befindet sich der Mont Saint-Michel auf dem Höhepunkt seiner spirituellen Entwicklung und geistigen Ausstrahlung, die das ganze Christentum berührt.

Dieser großartige Ort war durchaus mit den wichtigsten mittelalterlichen Wallfahrtsorten Rom und Santiago de Campostela vergleichbar und zog andere Gründungen wie **St. Michaels's Mount** in Cornwall nach sich. Fast alle Pilgerwege führten über den Mont Saint-Michel nach Santiago de Campostela oder nach Jerusalem. Könige, Prinzen, Herzöge, Ritter und sogar Kinder pilgerten zur „**Merveille**", dem „Wunder des Abendlandes". Der Niedergang setzt erst mit der Französischen Revolution ein, als die Mönche aus der Abtei verjagt werden und sie zum Gefängnis für die Kleriker wird - eine Bastille im Meer. 1811, unter Napoleon I., wird der Mont Saint-Michel zum Staatsgefängnis. Dem setzt erst Napoleon III. 1863 ein Ende. 1874 wird der „Mont" durch den Staat zum Kulturdenkmal erklärt. Der 1000-Jahrfeier des Klosters im Jahr 1966 ging der Einzug einer mönchischen Gemeinschaft in das alte Abteigebäude voraus – was somit die eigentliche Berufung fortbestehen ließ: das „Gebet" und die „Aufnahme". So kommen seit der Gründung der Abtei wieder Männer, Frauen und Kinder über die sogenannten „Paradieswege", um beim heiligen Michael, dem Erzengel des Gerichts und Waagemeister für die Seelen, das Versprechen des Himmelreichs zu finden. 1979 wird der **Klosterberg** und seine dazugehörige **Bucht** unter den Schutz des **Weltkulturerbes der UNESCO** gestellt.

Fraternité Monastique de Jérusalem
50170 Le Mont-Saint-Michel
Brüder:
Tel: 02 33 60 14 47
Fax: 02 33 60 31 02
Schwestern:
Tel: 02 33 58 74 46
Fax: 02 33 58 82 03
info@abbaye-mont-saintmichel.com
www.abbaye-mont-saintmichel.com

Interview mit Frère François

2001 waren vier Brüder und fünf Schwestern der „Monastischen Gemeinschaften von Jerusalem“ aufgebrochen, um klösterlich frischen Wind auf den „Mont“ zu bringen – alle um die 30 und noch in einem weltlichen Job halbtags beschäftigt. Ihr Motto lautete: „Sich nicht aus der Welt zurückziehen, sich aber hüten vor dem, was den Geist der Welt ausmacht“. Zu ihnen gehörte auch Bruder François.

Touristen gibt es viele. Aber nur wenige sind Mönche. Worin sehen Sie Ihre Hauptaufgabe auf dem Mont Saint-Michel?

Unsere Hauptaufgabe besteht darin, die hierher Kommenden – Besucher wie auch Pilger – im Gebet zu empfangen. Und zu beten für alles, was passiert.

Sie kommen aus der ganzen Welt. Wie schaffen Sie es, individuell auf jemanden einzugehen?

Es gibt natürlich ganz formelle Zusammenkünfte. Aber wenn wir spezielle Gruppen empfangen, entstehen auch dialogische Situationen. Dann haben wir fünf Zimmer im Dorf, die es ermöglichen, in Stille einzukehren. Da ergeben sich natürlich ebenfalls die Möglichkeiten zum Gespräch.

Wenn man sieht, wie viele Touristen hier täglich vorbeiziehen, dann kann man sich die Stille kaum vorstellen.

Das wäre tatsächlich absurd, wenn man sich nicht in bestimmten Momenten zurückziehen könnte. Aber Sie sehen ja, wie dick die Mauern hier sind. Man hat

Gelegenheit, sich von der Masse zurückzuziehen.

Welche Nationalitäten sind denn hier besonders vertreten?

Das hängt von den Umständen ab. Viele Japaner sind dabei. Für sie scheint der Mont Saint-Michel zum Frankreichbild zu gehören wie der Eiffelturm und Versailles. Natürlich sind viele Europäer hier zu Gast, Franzosen natürlich, im Sommer vor allem Italiener und Spanier, aber schon vom Frühjahr an auch viele Holländer und Deutsche.

Die Japaner sind in der Regel Zen-Buddhisten. Verbinden die denn auch irgendwelche religiösen Motive mit dem Mont Saint-Michel?

Vielleicht ist für sie in ihrer Tradition ein heiliger Berg von besonderer Bedeutung – eine mystische Stätte, an der die Seelen der Toten verweilen können. Das fasziniert sie vermutlich. Und auch da ist der Mont Saint-Michel ein ganz besonderer Ort.

Was bedeutet das für Sie und für den Gottesdienst? Wählen Sie spezielle Gebete aus?

Auch wenn nur vier Prozent der Franzosen praktizierende Katholiken sind, so empfinden sich 80 Prozent als katholisch. Daran kann man anknüpfen. Es ist phantastisch, das im Gottesdienst zu erleben. Man sieht alle Hautfarben und alle Nationalitäten. Und doch können sie im Glauben kommunizieren. Das empfinde ich als sehr schön. Und ich kann erkennen, dass die „Humanité", die Menschheit, eine große Familie ist. Insofern bedeutet „katholisch" für mich „allumfassend".

Die Pfarrkirche Saint-Pierre

Sie liegt gewissermaßen auf halber Strecke. Viele Touristen machen dort halt und zünden eine Kerze an. Doch handelt es sich bei der Peterskirche nicht um die Abteikirche. Der Mont Saint-Michel bietet nämlich zwei Kultstätten an: Während die Abtei von der klösterlichen Bruderschaft Jerusalem, den fünf Mönchen und sieben Ordensgeistlichen betreut wird, die den liturgischen Gebetsdienst übernehmen, wird die **Kirche Saint-Pierre** als ganz normale Pfarrkirche genutzt.

Sie, die „Église paroissale St-Pierre“, befindet sich mitten im Ort und schon seit mehr als zehn Jahrhunderten ist Saint-Pierre die Pfarrkirche des Berges. Sie stammt aus der Anfangszeit des Christentums auf dem „Mont“ (die Pfarrkirche gibt es seit dem 11. Jahrhundert). Ihre Apsis überspannt eine Gasse, die zum **Friedhof** der Einwohner der Stadt, der „Montois“, führt.

In ihrem jetzigen Zustand wurde sie im 15. und 16. Jahrhundert weiter ausgebaut. Saint-Pierre ist die erste Anlaufstelle für das Gebet, um dem heiligen Michael zu huldigen. Dieser Brauch entwickelte sich besonders im 19. und 20. Jahrhundert.

Dort wurde auch der heutige Altar eingerichtet, der wie die gesamte Ausstattung ursprünglich aus der Abteikirche stammt. Eine Statue der hl. Anna befindet sich in der Kapelle des rechten Seitenschiffs. Neben dem Altar ist eine schöne Marienstatue zu bewundern.

Die versilberte Statue des heiligen Michael in der rechten Seitenkapelle zeigt, dass Saint-Pierre aber vor allem auch die Kirche der heiligen Stätte des Erzengels ist.

Geöffnet ist die Kirche Saint-Pierre von April bis einschließlich Oktober. Täglich wird hier um 11 Uhr die Messe abgehalten, Samstag und Sonntag inklusive. Morgenandacht ist um 8 Uhr, die Vesper um 18.30 Uhr (Samstagabend um 18 Uhr). Ein engagiertes Team aus der Diözese Coutances sorgt für die Aufnahme und Betreuung der Pilger und für das gemeinschaftliche Gebet.

Dieses Team verwaltet ebenfalls das „Haus des Pilgers“ (**Maison du pèlerin**) am oberen Ende der Straße. Dort befinden sich auch die Büroräume des Leiters sowie der Sitz der Bruderschaft, die **Buchhandlung Siloé** und das **Centre d‘acceuil**, das Empfangszentrum mit gut ausgestatteten Räumen, in denen etwa 50 Personen Unterkunft finden – für eine Konferenz, eine Besprechung oder eine Rast. Die Buchhandlung ist für Pilger hervorragend sortiert und verfügt über eine große Auswahl an religiösen und spirituellen Büchern, Postkarten, Kassetten und CDs mit religiöser Musik. Auch Rosenkränze, Medaillen, Ikonen, Kreuze und jede Menge anderer Devotionalien werden angeboten.

Pilgerherberge
Maison du Pèlerin :
BP 1,
50170 Le Mont
Saint-Michel
10 Betten, Aufnahme nur teilweise möglich
Tel: 02 33 60 14 05
Fax 02 33 60 14 26
sanctuaire.saint.michel@wanadoo.fr
Buchhandlung Librairie Siloé
mt-st-michel@siloe-librairies.com
www.catholique-coutances.cef.fr

Die Abtei bei Nacht

Von großem Zauber ist der Anblick, den die Abtei bei Nacht bietet. Dies gilt natürlich besonders, wenn der Blick aus der Ferne auf die beleuchteten Mauern fällt. Beinahe fühlt man sich dann an eine Fata Morgana erinnert. Fast unwirklich erscheint der aus dem Meer sich auftürmende Berg mit all seinen aufragenden Mauern, den verwinkelten Aufstiegen, den Wehrmauern, den Festungstürmen, den hochaufstrebenden Flanken, den steilen Dächern der die **Grande Rue** säumenden Häusern, der kühnen Spitze, die im Schwert des heiligen Michael ausläuft – und damit den Himmel berührt. Das alles ist von berückender Schönheit, ein Bild reiner Schöpfungskraft, bei dem die Urelemente der Natur sich verbinden mit den mächtigen Wirkungen, welche der menschliche Erfindungsgeist freisetzt, wenn er sich von Höherem und zu Höherem bewegt fühlt und sein Wille, dies für ewige Zeiten auszudrücken und zu befestigen, keine Grenzen kennt.

Dieses Gesamtbild des dank moderner Lichttechnik dramaturgisch geschickt illuminierten Heiligen Berges verändert sich dabei ständig. Das Wolkenspiel, das Licht des Mondes, die Grundstimmungen des abendlichen und des nächtlichen Lichts sorgen für einen steten Wechsel, für einen unendlichen Reichtum an Bildern, zu dem die Natur noch wesentlich mehr beiträgt als die Licht-Inszenierung des Berges selbst. Es lohnt sich also, selbst wenn man auf der Insel in einem der dortigen (gar nicht so zahlreichen) Hotels wohnt, noch einmal über

den Damm aufs Festland zu wandern, um dieses magische Bild in sich aufzunehmen. Und wer den Weg nicht scheut, wird ein Stück ins Landesinnere zurückgehen, um von günstigen Stellen der Bucht die geheimnisvolle Meereserscheinung auf sich wirken zu lassen.

Natürlich haben auch die Gassen, Mauerwege und Treppen auf dem Berg selbst ihren nächtlichen Reiz. Und wer den steilen Aufstieg zur Abtei zur nächtlichen Stunde noch einmal auf sich nimmt, wird ebenfalls mit unvergesslichen Eindrücken belohnt. Die Grande Rue wirkt zwar mit ihren erleuchteten Fenstern, hinter denen die Andenken ebenso locken wie die gedeckten Tische der Restaurants, am Abend eher profan, doch entschädigen die vielfältigen Perspektiven auf die Abtei. Vor allem, wenn in den Sommermonaten die mystische Stimmung durch Illumination verstärkt wird.

Office du Tourisme
50170 Le Mont-Saint-Michel
Tel: 02 33 60 14 30, 02 33 60 06 75
ot.mont.saint.michel@wanadoo.fr

Hotel-Restaurant Auberge Saint-Pierre
Grande Rue
50170 Le Mont Saint-Michel
Tel: 02 33 60 14 03
www.auberge-saint-pierre.fr

La Merveille - Das Wunder

Das Wunder – la Merveille: So wird seit jeher jener gotische Teil der Abtei genannt, der seit Anfang des 13. Jahrhunderts nach den ersten romanischen Bauten errichtet wurde. Und in der Tat, dieses komplizierte dreistöckige Bauwerk an der Nordflanke des Felsens ist ein Wunder: bautechnisch, ästhetisch, in seiner himmelstürmenden Wucht, auch in seinen so gewagten wie teilweise auch hocheleganten Raumkompositionen. Es galt dabei, gewaltige Kräfte abzufangen, um die 80 Meter lange und einen Höhenunterschied von 50 Meter überwindende schwere Steinkonstruktion sicher auf dem Bergfelsen zu verankern. Es gelang. Nach siebzehn Jahren unermüdlicher Bauzeit war das die Silhouette und den Charakter des Mont wesentlich prägende Werk 1228 vollendet. Möglich wurde dieses Wunder dank eines ausgeklügelten Systems von Pfeilern und Gewölben, durch abstützende Türme, schließlich durch eine vergleichsweise leichte, aber ausreichend stabile Balkenkonstruktion, die für den Abschluss des

Klosters – welches im Ostteil die dritte Etage krönt – die Kräfte des Baus aufnimmt. Mit diesem von der französischen Krone finanzierten „Wolkenkratzer", wie das kühne gotische Bauwerk spitz genannt wird, gelingt es den Mönchen, ein großes Raumprogramm zu realisieren. Es reicht von Vorratskellern über einen Almosenraum, der früher als Herberge für Bettler (aber auch für Pilger) diente, über einen großen und eleganten Rittersaal auf der mittleren Ebene (mit einem ebenso großzügigen Empfangssaal für die Gäste), weiter bis hin zu dem darüber liegenden Refektorium und Kloster selbst, zu dem auch der traditionelle Kreuzgang gehört. Dieser umfängt in großer Höhe einen üppigen **Klostergarten**, von dem man eine sensationelle Sicht auf die Bucht hat und an dessen Südseite sich noch ein Brunnenhaus für die Fußwaschung befindet.

Architekturexperten sind voller Bewunderung: Die Baumeister des Mittelalters hätten hier höchste Meisterschaft bewiesen und mit einem Minimum an stützenden Konstruktionen ein Maximum an

Gottesdienst in der Abtei
täglich (mit Ausnahme von Montag und 10 Tage im Februar sowie 15 Tage Ende August) um 12.15 Uhr (Zugang möglich ab 12 Uhr)
Sonntag um 11.30 Uhr, Laudes-Gottesdienst um 7 Uhr (mit Ausnahme von Montag, Samstag und Sonntag 8 Uhr)
Vesper-Gottesdienst um 18.30 Uhr (mit Ausnahme von Sonntag und Montag)
www.monuments-nationaux.fr

Raum und an Licht geschaffen. Gelobt wird auch die hohe Funktionalität der Räume, verbunden mit einem jeweils ganz eigenen Charakter – was sich beispielsweise bei den drei übereinander liegenden Speisesälen zeige. Auch darin spiegele sich das Grundprinzip: unten Versorgung und Sicherheit, in der Mitte das Festliche, oben Ruhe und Kontemplation.

Die den Mont krönende Abteikirche selbst, deren filigrane Turmspitze wie ein Finger in den Himmel zeigt, hat eine wesentlich längere Baugeschichte. Sie ist deshalb stilistisch wesentlich uneinheitlicher, bietet aber gleichwohl im Innern einen überwältigenden Eindruck. Es ist eben das Ensemble, der Geist des Bauens, der den „Mont" insgesamt prägt. 1023 wurde hier unter Abt Hildebert mit dem Bau begonnen, als Ersatz für die viel kleinere Kirche, die einem Brand zum Opfer gefallen war. Im 11. Jahrhundert war der romanische Stil vorherrschend. Die Aufgabe, eine hundert Meter lange Kirche auf dem spitz zulaufenden Fels zu errichten, stellte besondere Anforderungen – so musste mühselig eine Plattform trassiert werden. Die ursprüngliche Felsspitze liegt dabei genau unter der Vierung.

Zur Baugeschichte gehört, dass die alte karolingische Kirche gleichsam eingebaut wurde – um nun als Krypta zu dienen. Auch das frühromanische Lang- und Querschiff stützt sich auf Krypten, die im Halbrund angeordnet sind, mit einem beeindruckenden Pfeiler-Wald. Weil aber der Chorraum Anfang des 15. Jahrhunderts teilweise einstürzte, musste dieser Teil der Kirche über dem Sockelgeschoss der Krypten im lichttrunkenen Stil der Gotik neu gebaut werden.

Verschiedene Entwicklungsschichten lassen sich auch im dreistöckigen Kirchenschiff ablesen. Auch hier waren Zerstörungen zu beklagen, was zu einer Verkleinerung des Schiffes und einer Neufassung der Eingangsfassade um 1780 führte: Sie ist jetzt in der schlichten Eleganz des Klassizismus gehalten. Ihre Wirkung ist dennoch grandios: Weil sie mit der davor liegenden Terrasse – entstanden wegen der vorherigen Kürzung des Kirchenschiffs – eine schöne Raumkomposition bildet und der Blick nach draußen Meer und Himmel verschmelzen lässt.

Was heute als geschlossenes Ensemble aus Granit dasteht, wurde von der nahen **Insel Chausey** herbeigeschafft. Da wurden die Steine gleichsam als Fertigteile hergeholt. Ende des 18. Jahrhunderts wäre es fast verfallen, als der „Mont" einen denkbar schlechten Ruf wegen des gefürchteten Gefängnisses hatte. Erst die Romantiker entdeckten den Berg neu, begeisterten sich für die einzigartige Architektur. Als der „Mont" 1874 zum Nationalen Denkmal erklärt wurde, begann eine schwierige wie umfangreiche Restaurierung, die mehrere Jahrzehnte in Anspruch nahm. Auch heute muss am „Wunder" immer wieder gearbeitet werden – ähnlich wie am Kölner Dom.

Die Einwohner des „Mont“

Sie nennen sich „Montois“, die Einwohner des Mont Saint-Michel. Gelegentlich fühlen sie sich in der engen Straße von den Touristenfluten bedrängt. Sie halten ihre Haustüren verschlossen, weil sie wissen, dass die Touristen nicht davor zurückschrecken sie aufzudrücken, um ihre Neugierde zu befriedigen.

Madame Lebrec – von einigen liebevoll „Maminette“ genannt – wohnt in der Grande Rue seit 1923 an zentraler Stelle. Die hochbetagte, aber sehr rüstige Dame gehört zu den rund 30 Bewohnern des Dorfes. Sie ist eine „Doyenne“, der man mit einem gewissen Respekt begegnet. Seit über 80 Jahren verfolgt sie mit Humor und Sensibilität das Spiel des wechselhaften Lichts wie den Verlauf der immerwährenden Gezeiten. Früher, so erzählt sie, sei sie oft mit dem Fahrrad herübergefahren. Nun würden ihre Kinder das nicht mehr erlauben. Die Sonnenaufgänge bieten ihr immer wieder neue Überraschungen, wenn sie vom Fenster ihres Hauses auf die Bucht schaut. Sie liebt das zarte Rosa der Wolken und glitzernde Grau des Meeres wie auch die langen Schatten des Herbstes. Sie kennt das Meer und kann die leisesten Veränderungen deuten: wie es von eigenartigen Geräuschen begleitet wird, wie es zunächst mit sanftem Gurgeln tückisch anrollt und sich plötzlich die schnell ansteigenden Fluten brutal ihre Bahn brechen. Das

François Saint-James, seit 20 Jahren ***akkreditierter Reiseführer*** *der Abtei, beobachtet die Pilger in der Bucht*

macht der mutigen Frau, welche die Kriegsjahre mit ihrem Sohn Paul-Noël allein hier verbracht hat, sogar heute immer noch Angst, weil man die lauernde Gefahr des Meeres oft erst im letzten Moment entdeckt und sich diese einfach nicht vorstellen kann. So bedauert sie die Menschen, die das Meer nur mit Sonne und Strand verbinden.

Oft ist **François Saint-James** bei ihr zu Gast. Er ist kenntisreicher Führer der Abtei des Mont-Saint-Michel, lebt dort seit fast 20 Jahren. Fragt man ihn, was die vielen Touristen hier anzieht, so spricht er von der Magie und Spiritualität dieses Ortes, an den die Franzosen meist zwei Mal kämen – einmal als Kind und dann, um den eigenen Kindern das Erlebnis zu vermitteln. Möglichkeiten, hier dauerhaft zu leben, bietet der Ort allerdings nicht, auch wenn die Schönheit der Natur noch so anziehend wirkt.

Mme. Hélène Lebrec, ***die älteste Einwohnerin des „Mont"****, liebt den täglichen Blick auf die Bucht.*

Hymne zum Michaelsfest am 29. September

Victoire de Lumière,
terreur des ténèbres sur la terre,
Michel,
au moindre appel
ton cri traverse les sept cieux :
„Qui est comme Dieu?“

Où la force ne peut suffire,
où le danger touche au pire,
tu fais lever en profondeur
la Puissance du Seigneur!

Feu vertical, ton glaive tranche!
C‘est au plus sec de la branche
comme à la racine du coeur
la Présence du Seigneur!

Ange de Justice, rappelle
que la mort n‘est pas mortelle
si l‘homme attend, de son Sauveur
la Sentence du Seigneur!

Sieg des Lichts,
Grauen der Finsternis auf Erden,
Michael,
auf den kleinsten Ruf
durchdringt dein Schrei die sieben Himmel:
„Wer ist wie Gott?“

Wo die Kraft nicht reichen kann,
wo die Gefahr das Schlimmste berührt,
da lässt Du aus der Tiefe
die Kraft des Herrn emporkommen!

Dein Schwert schneidet wie Feuer!
An der trockensten Stelle des Zweiges
wie an der Wurzel des Herzens
ist der Herr gegenwärtig!

Engel der Gerechtigkeit, erinnere daran,
dass der Tod nicht sterblich ist,
wenn der Mensch von seinem Retter
die Worte des Herrn erwartet!

aus: Les Belles Prières à Saint-Michel, Editions Bénédictines

Pilgern durch die Bucht

Die Mehrheit der Besucher kommt zwar über den noch befahrbaren Damm zum Mont Saint-Michel, aber viel schöner ist es natürlich, sich dem Mont bei Ebbe über das Wattenmeer zu Fuß zu nähern und sich so auf die Spuren der Pilger von damals zu machen.

Der Tidenhub in der Bucht des Mont Saint-Michel ist allerdings berühmt-berüchtigt, denn die Differenz von Ebbe und Flut kann bis zu 14 Metern betragen und das hereinströmende Wasser Geschwindigkeiten von bis zu 30 Stundenkilometern erreichen. Oft wird im Zusammenhang mit dem heranrollenden Wasser von einem „galoppierenden Pferd" gesprochen. In Windeseile ist alles überflutet.

Gleich ob man im Watt pilgert oder wandert: Hier ist äußerste Vorsicht geboten, wenn man weder sich selbst noch andere gefährden will. Auch was trügerisch zunächst wie normaler Schlick aussieht, kann von flüssigen Sandtaschen unterspült sein, das Wasser kann mit großer Kraft davontreiben.

Insofern ist es unbedingt ratsam, sich einem erfahrenen Wander- oder Pilgerführer anzuvertrauen. Nicht wenige Pilger oder Touristen fielen im

Lauf der Jahre den Unwägbarkeiten des Meeres zum Opfer. Insofern kann der den Pilgern so heilige Ort für die Besucher auch in einem Alptraum enden. Allererste Voraussetzung: Man muss auf jeden Fall bei einer Durchquerung des Watts zum Mont Saint-Michel auf die Gezeitenpläne Rücksicht nehmen. Die geschulten Führer kennen alles genau. Sie wissen auch das Wetter genau einzuschätzen. Wer gut geschützt geht, kann umso unbefangener Herz und Augen öffnen für all die schönen Dinge am Wegesrand.

Ein religiöses Gemeinschaftserlebnis bietet das Pilgern von **Genêts** aus (**Le pèlerinage des grèves**), das traditionell am 29. September, dem Ehrentag des hl. Michael, stattfindet. Daran nehmen die Mönche und ein Bischof teil. 2008 gab es zu Ehren des 1300-jährigen Jubiläums einen großen Pilgerzug unter dem Thema: „Hören, Sehen, Schmecken, Fühlen, Berühren". Ein verbindendes Seil, Lieder und Gebete halten die Pilger auf dem mühsamen Weg durch die Bucht zusammen, wenn die nackten Füße auf dem teils schlickigen, teils kiesharten Boden schmerzen und der Berg von ferne wie eine Fata Morgana erscheint.

Informationen
Maison de la Baie
21, route de la Roche Torin
50220 Courtils
Tel: 02 33 89 66 00
Im Haus der Bucht werden viele Hinweise auf die ökologische und agrarische Struktur der Bucht gegeben. Im Internet zu finden unter
www.baie-mont-saint-michel.fr
Auskünfte über alte Pilgerwege: „Chemins du Mont-Saint-Michel":
La Tourelle Résidence Léonard Gilles
24, rue de Picardie
14500 Vire
Tel: 02 31 66 10 02
www.lescheminsdu-montsaintmichel.com

Die Maison de La Baie

Intensives Wandern, aber auch einfach das freie Sich-in-der-Natur-Bewegen gehören in Frankreich zum Volkssport. Was könnte da attraktiver sein als die Bucht zum Mont Saint-Michel zu durchqueren, zu Fuß und inzwischen auch wieder zu Pferde? Dafür bieten sich bestimmte Ausgangspunkte an: so der Strand, die „**Plage Pignochet**“ in **St-Jean-Le-Thomas**, oder traditionell der Ort **Genêts**. Für die 6 bis 13 Kilometer langen Strecken muss man drei bis sechs Stunden einplanen.

Besonders attraktiv ist eine solche Durchquerung in den Abendstunden wegen der lichtreichen Sonnenuntergänge und der damit verbundenen Stimmungen im Sommer. Der Winter wiederum hat andere Vorzüge mit seinen „Grandes marées“, den hohen Fluten. Es begegnen einem weitaus weniger Menschen. Wer also ab und zu Konzentration und Einsamkeit sucht, wird den Winter zu seiner Wander- und Pilgerzeit erklären. Und wenn der Berg in der Ferne im Nebel oder gar im Schnee liegt, dann entwickelt das auch seinen eigenen Reiz. Auch im Sommer sollte man übrigens Ölzeug und auch einen wärmeren Pullover bei sich haben, aber man kann eben barfuß und mit leichter Kleidung wandern.
In allen Fällen – gleich ob man als einzelner, als Gruppe oder als Familie loszieht – kann man bei entsprechender Voranmeldung auf einen erfahrenen Führer vertrauen. Es werden auch Themenführungen angeboten wie z. B. zur Entdeckung von Flora und Fauna.

Die **Maison de La Baie de Courtils Genêts** bietet für all die verschiedenen Aktivitäten die notwendigen Informationen. Sie erforscht auch die alten Pilgerrouten und bietet Kartenmaterial und Führungen an. Die Führer, welche die Bucht seit vielen Jahren kennen, können nicht nur die traditionellen Pilgerwege erklären, sondern Hinweise geben, um die Bucht ebenfalls in ökologischer Hinsicht besser kennen zu lernen. Von ihnen kann man überdies etwas über Gräser, Algen, Steine, Muscheln und Krustentiere erfahren. In der Normandie ist die „pêche à pied“, das „Fußfischen“ (Muschelsammeln), sehr beliebt. Und das will gelernt sein. Ganz entscheidend ist bei dieser anregenden Freiluftaktivität das, was die Franzosen „convivialité“ nennen: das gesellige Miteinander. Dieses entsteht auch, wenn man gemeinsam vor der Rückkehr auf dem „Mont“ pausiert.

Idealer Ausgangspunkt für Wanderungen entlang der Bucht und zum Mont Saint-Michel
Genêts - Mont St-Michel
28, Rue de l'Ortillon
50530 Genêts
Tel: 02 33 58 40 16
Fax 02 33 58 42 38
www.genets@fuaj.org

Jugendherberge
Genêts - Mont
Unterbringung in
2-6 Bett-Zimmern
Genêts - Mont St-Michel
La maison du Guide
1, rue Montoise -
50530 Genêts
Tel: 02 33 70 83 49
Fax 02 33 70 83 33
www.traverseebaie.com

Die Salzwiesen und -lämmer

Fährt man in Richtung Avranches, so grasen Schafe auf Poldern und Salzwiesen, die bei Flut überspült werden. Dadurch werden die Gräser mit Jod und Salz angereichert und machen so das Fleisch zart und aromatisch. Die Salzwiesen wachsen auf kleinen Hügeln, die eigentlich von den Gezeiten weggespült würden.

Weil aber die ganz großen Gezeiten ausbleiben, entstehen immer mehr Hügel. Die verbinden sich dann mit den schon bestehenden Salzwiesen, so dass immer größere Flächen entstehen. Von der einen Seite schwemmt das Meer immer mehr Sand in die Bucht, von der Küste aus begünstigen Polder das Wachsen der Salzwiesen. Sie bilden eine ideale Weidefläche für die berühmten „Salzlämmer". Diese wiederum haben sich an das feuchte und windige Klima und an die andere Bodenbeschaffenheit angepasst.

Die Salzlämmer erkennt man leicht an ihrem schmalen Wuchs, dem dunkelbraunen Kopf sowie an den fast schwarzen Füßen. Sie sind insgesamt kleiner und damit leichter als gewöhnliche Schafe.

Als regionale Delikatessen werden sie sehr geschätzt und tragen damit zum gastronomischen Renommee der Bucht bei. Das war durchaus so geplant und sie wurden Anfang der neunziger Jahre des letzten Jahrhunderts in die Liste der AOC-Produkte aufgenommen

(Appellation d'Origine Contrôlée de l'agneau de pré-salé).

Der feine Geschmack rührt vor allem daher, dass sich die Lämmer, die in freier Natur aufwachsen, von den duftenden Küstenkräutern, salzhaltigen Pflanzen und Gräsern ernähren. Schon die Mönche der Abtei hatten im 11. Jahrhundert das Recht, hier Lämmer zu züchten, die wegen ihrer Qualität gerühmt waren. Man kann sogar von einer echt lokaltypischen Rasse sprechen, den „grevins", die damals durch eine Kreuzung lokaler und englischer Rassen zustande kam.

Die Schafzucht, die auf dem ausgeklügelten Öko-System mit seiner charakteristischen Vegetationszone beruht, ist für die Landschaft von zentraler Bedeutung.

Ein weiteres landschaftliches Charakteristikum sind die Polder, die im 19. Jahrhundert durch den Bau von Schutzdeichen trockengelegt wurden. Auf diesem fruchtbaren, dem Meer abgerungenem Boden wachsen ganz besonders süße Karotten, kleine neue Kartoffeln, knackige Salate, rosa Schalotten. Auch hinter den Poldern wird eine ökologisch geprägte Landwirtschaft betrieben. Dort werden Freilufthühner mit Körnern aufgezogen. Schweine naturnah gehalten, Enten gezüchtet. Unbekümmert grasen hier auch die Kühe. Das Resultat: Eier, Butter, Milch und Käse haben hier noch den ursprünglichen Geschmack.

Probieren können Sie das traditionelle **Salzwiesenlamm** (agneau pré-salé) auf dem Mont Saint Michel im Restaurant „Mère Poulard". Agrarische Informationen finden Sie in der „Maison de la Baie" s. S. 30

Großprojekt bis 2018: Renaturierung der Bucht

Früher war das Kloster nur zu Fuß, per Pferd oder mit dem Eselskarren bei Ebbe zu erreichen. Vor gut 100 Jahren wurde ein Damm gebaut, um das Kloster unabhängig von den Gezeiten erreichen zu können. Seitdem ist der Strom der Pilger und Touristen immer mehr angeschwollen. Heute liegt der Jahresdurchschnitt bei 3,5 Millionen Besuchern.

Die Schattenseite des erleichterten Zugangs: Der Damm blockiert die natürlichen Meeresströmungen. Es droht die komplette Versandung und Verlandung der Bucht. Die Salzwiesen wachsen ständig weiter, weil die großen Gezeiten ausbleiben. Ihre Fläche hat sich in den letzten sechzig Jahren verdoppelt. Wenn die Verlandung in den nächsten 50 Jahren so weiterginge, so berechneten die Experten, die es durch exakte Simulierung von Strömungsverhältnissen herausfanden, würde der Mont Saint-Michel mitten im Grünen und Trockenen stehen. Um dies zu verhindern und die Insellage im Wattenmeer wiederherzustellen, wird ein großes Projekt realisiert, bei dem der Damm verschwindet. Ziel ist es, diese Bucht, die zusammen mit dem Abteiberg zum Weltkulturerbe zählt, zu restaurieren.

Das Modell wurde von dem Stuttgarter Pla-

nungsbüro Schlaich Bergmann und Partner sowie von dem Wiener Architekt Dietmar Feichtinger entworfen: ein schwebender Steg, der den Klosterberg künftig mit dem Festland verbindet. Sie streben an, „die Ambivalenz zwischen dem sehr besonderen Ort, dem Monument am Berg und der sehr starken Landschaft zu vermitteln, diesen Ort quasi zu verbessern, zugänglich zu machen, ohne ihn dabei zu zerstören“. Der Steg ist optisch sehr leicht angelegt, um die Meerescharakteristik nicht zu stören. Dann verschwindet der hässliche Parkplatz am Fuße des „Mont“. Kabinenwagen sorgen künftig für den Transport.

Die alte Schleuse am Fluss **Couesnon**, der in die Bucht mündet, wird durch ein neues, spezielles Stauwehr ersetzt. Das Prinzip: Bei Flut bleiben die Schleusentore geschlossen, das Wasser wird im Fluss gestaut, damit Sand und Sedimente draußen bleiben. Bei Ebbe – so sieht es der Plan vor – wird das Wehr geöffnet, das angestaute Wasser schießt in die Bucht und reißt die Ablagerungen mit sich. Sowohl die französische Regierung als auch die beteiligten Wissenschaftler sind zuversichtlich, dass die unerwünschten Ablagerungen in naher Zukunft fortgeschwemmt werden. Im Jahr 2018 soll die Bucht wieder so aussehen wie einst, als der Mont Saint-Michel eine malerische Insel war, die zweimal täglich vom Meer umspült wurde.

Informationen
Der Mont Saint-Michel bleibt während dieser Zeit für die Besucher uneingeschränkt zugänglich. Diese können sich an einem Infopavillon über den aktuellen Stand des Projektes informieren.
www.projetmont-saintmichel.fr

Wege zum hl. Michael

Wie ist zu erklären, dass ausgerechnet der Erzengel Michael über dem Glaubensberg wacht? Der Erzengel Michael – das geflügelte, kraftvolle und schöne Wesen – führt die Seelen in schwindelnde Höhen zu Gott und hat dazu die Aufgabe, den abtrünnigen Erzengel Luzifer zu bekämpfen. In der **Offenbarung des Johannes** wird ein gewaltiger Kampf Michaels und seiner Engel gegen einen siebenköpfigen satanischen Drachen geschildert, dessen Schwanz die Sterne wegfegt und zur Erde stürzen lässt, um ein kleines Kind zu verschlingen, welches die Völker

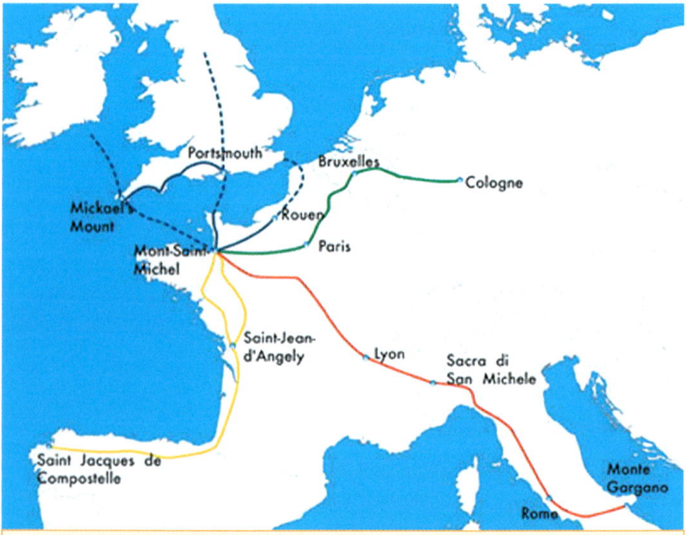

Michaelskult
Quer durch Europa laufen alte Pilgerrouten zu Ehren des heiligen Michael

anführen soll. In diesem Kampf ist Michael ein Held, der den Satan überwindet. Deshalb wird er meist auch als strahlender Sieger dargestellt. Etliche Kapellen und Kirchen sind ihm geweiht.

Am Anfang des Michaelskults steht im 5. Jahrhundert der **Monte Gargano** in Apulien mit seinem Michaelsheiligtum. Dorthin pilgerten vor allem im 10. und 11. Jahrhundert Kaiser und Päpste. Von Süditalien breitete sich der Kult über ganz Europa aus: in Katalonien, in der Schweiz seit der Karolingerzeit, in Belgien im 16. Jahrhundert. Dort wird Michael Schutzpatron der Zünfte, in den Niederlanden der der Fechtmeister. Sehr früh wurde er in Irland verehrt, im englischen Cornwall, wo auf einer Felsinsel der **St. Michel's Mount** als Entsprechung zum Mont Saint-Michel entstand, dann in Island, in den skandinavischen Ländern; in Polen gilt er als der Schutzpatron der Apotheker. In Deutschland sind dem hl. Michael ebenfalls unzählige Kirchen nicht nur an Rhein, Maas und Mosel geweiht.
In Frankreich wurde ihm bereits 506 – vor der Gründung des Mont Saint-Michel – eine Basilika in Lyon geweiht. Schließlich schmückt seine Statue die von Ludwig dem Heiligen erbaute **Sainte Chapelle** in Paris. Trotzdem stellt der Mont Saint-Michel in seiner Bedeutung alle anderen Heiligtümer weit in den Schatten. Im Mittelalter verlief ein Pilgerweg, der nach **Santiago de Compostela** führte, die Küste entlang. Diesen Zweig des Jakobswegs an der französischen Küste wählten vor allem Pilger aus der Normandie, der Bretagne oder England. Heute erlebt die alte Route eine Renaissance.

Das Scriptorial in Avranches

Hoch auf einem Felsen liegt Avranches über der Bucht des Mont Saint-Michel. Aufgrund der strategischen Lage hat die Stadt eine bewegte Vergangenheit. Nach dem Gallischen Krieg wurde sie bis zum Einfall der Sachsen und der Franken im Jahre 786 galloromanische Hauptstadt. Über ein Jahrtausend beherrschten Bischöfe die Stadt, von denen einer, **Saint-Aubert**, auf dem **Berg Tombe** den Mont Saint-Michel gründete.

Ab dem 11. Jahrhundert entwickelte Avranches sich zu einer bedeutenden Universitätsstadt, bis sie in der Französischen Revolution verwüstet wurde.

Doch gelang es 1790, aus der Bibliothek von Avranches 14.000 Bücher sowie 200 Manuskripte in Sicherheit vor den anstürmenden Revolutionären zu bringen, so dass sie gerettet werden konnten. Heute sind die Schätze – darunter Handschriften aus dem 9. Jahrhundert – in einem neu erbauten Museum zu bewundern.

Hier erfährt der Besucher auf anschauliche Art und Weise viel über die Hintergründe rund um die Entstehung des Mont Saint-Michel. So werden die geographische und geologische Lage des Klosterberges, seiner Bucht und der 20 Kilometer entfernt liegenden Stadt Avranches erläutert.

Die Ursprünge in der Römerzeit und archäologische Funde werden vermittelt, ebenso die ersten Besiedelungen des Mont Saint-Michel durch christliche Eremiten und den Einfluss der Pilger. Seit 2006 ist das sogenannte **Scriptorial** mit den wertvollen Manuskripten, welche die Mönche der Abtei in jahrelanger Schreibarbeit erstellten, in einem Neubau an der Place d' Estouteville untergebracht.

In diesem Komplex, der nach modernsten museumstechnischen Aspekten gestaltet ist, werden sehr ansprechend und eindrucksvoll die Manuskripte der Abtei des Mont Saint-Michel zur Geltung gebracht. So erfährt man sehr anschaulich und lebendig etwas über die Geschichten und Legenden des mystischen Glaubensbergs.

In den Jahren zuvor waren diese Kostbarkeiten, die vor Jahrhunderten von den Mönchen der berühmten Abtei angefertigt wurden und ein beeindruckendes Zeugnis ihres Können und Wissens darstellen, im Rathaus von Avranches ausgestellt.

Im Museum selbst, im **Scriptorial**, wird nun die Entstehung der Schriftstücke näher unter die Lupe genommen – so auch mit technischen Aspekten wie Materialien und Schreibutensilien, Zusammensetzung der Farben und Tinten; auch die Übersetzung der Texte lässt sich nachvollziehen. Für die jungen Besucher werden Multimediaspiele eingesetzt. Vielfältige Sonderausstellungen, Vorträge, Kurse zu Kalligraphie und Buchmalerei runden das Programm ab.

Informationen
Avranches
Musée des manuscrits du Mont Saint-Michel
15, rue de Geôle
50300 Avranches
Tel: 02 33 79 57 01
Fax 02 33 79 57 02
patrimoine@avranches.fr
www.scriptorial.fr
www.ot-avranches.com
www.ville-avranches.com

Alte Pilgerwege wieder entdeckt

Ein Bericht aus dem 9. Jahrhundert gibt Auskunft darüber, wie der Kult auf dem Mont Saint-Michel zustande kam. Nachdem der **heilige Aubert**, Bischof von Avranches, seinen Traum von 708 verwirklicht hatte, ein Heiligtum auf dem Berg zu bauen, zogen schon bald Pilger an diesen ungewöhnlichen Ort.

Zu den ersten zählte ein Wandermönch namens **Bernhard**, der sich auf dem Rückweg von **Jerusalem**, **San Gargano** und **Rom** in Gesellschaft eines italienischen und eines spanischen Mönchs befand und sich 867/868 sofort auf zum Mont machte.

Dort wiederum traf er dort auf einen gewissen **Ratbert aus Laon**, der vom Mont aus nach Rom, San Gargano und Jerusalem pilgern wollte. Auf seinem Rückweg kam er über **Troyes,** betete dort für die Vergebung seiner Schuld auf dem Grab des hl. Frodobert und kehrte voller Dankbarkeit nochmals zum Mont zurück.

966 übergab der Herzog der Normandie, **Richard I.**, den **Benediktinermönchen** aus Fontenelle (Saint-Wandrille) die Verantwortung für das Heiligtum. Schon 1025, bevor der Jakobsweg „eröffnet“ wurde, zogen die Michaelspilger nach Westfrankreich, wo sehr viele Straßen immer wieder zum Mont führen. Deshalb wurden sie auch „les chemins montais“, („ Mont-Wege“) oder auch „Chemins du Paradis“ („Paradieswege“) genannt. Diese Pilgerwege nahmen auch die normannischen Herzöge und etliche französische Könige.

Der Mont zog jedoch Menschen aller sozialen Schichten an. Nahrung und Unterkunft fanden die Pilger bei Bauern, in Hospitälern und Hospizen, wo oft nur die ansteckenden Kranken lebten.

So konnten sich auch einfache Leute und ganz junge Pilger, die „Pastoralen“, auf Pilgerschaft begeben. Sie hüteten die Schafsherden. Später hieß es: „Die kleinen Bettler gehen zum Mont-Saint-Michel, die großen nach Santiago.“ Tatsächlich ist nichts über Beziehungen zwischen diesen Pilgerorten bekannt. Aber fest steht, dass viele Nordeuropäer ihren Weg nach Galizien auf dem Mont unterbrachen. Und sie trugen die Jakobsmuschel, die als Erkennungszeichen zum Symbol der Pilger wurde.

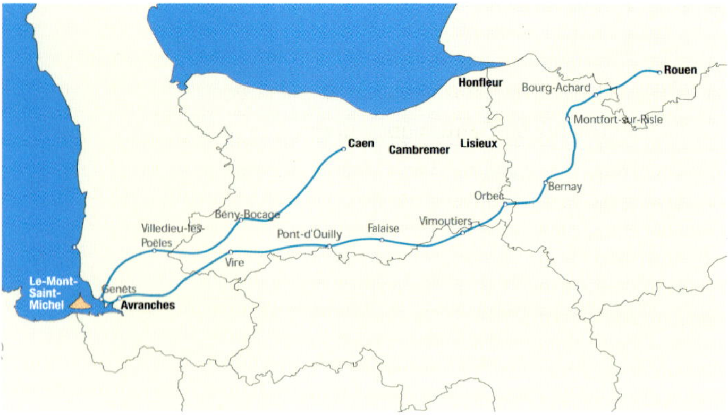

Paradieswege

Pilgerwandern ist nicht nur auf dem Jakobsweg „en vogue", sondern auch in der Normandie. Seit 1998 richten Freiwillige des Vereins „Les chemins du Mont-Saint-Michel" die Wege zum Klosterberg wieder her. Sechs der zehn historischen Routen sind bereits wieder eröffnet worden, von denen der 380 Kilometer lange **Chemin de Rouen** mit fast tausendjähriger Tradition der interessanteste ist. Auf dem Weg, auch „Chemin du Paradis" genannt, der von Rouen, der normannischen Hauptstadt, zum Mont Saint-Michel führt – und zwar durch alle fünf normannischen Départements (Seine-Maritime, Eure, Orne, Calvados und Manche) – trifft man immer wieder auf historische Bauwerke und auf Statuen und Bilder des Erzengels Michael. Und das auf befestigten Trassen oder verkehrsarmen Nebenstraßen. Der Weg beginnt an der **Côte Sainte Catherine** östlich von Rouen. In den Wäldern der Seine-Schleife lohnt ein Abstecher nach **Saint-Georges-de-Boscherville**, einer viel gerühmten romanischen Kirche aus dem 12. Jahrhundert. Die Seine kann man dort, wo die mittelalterlichen Pilger per Ruderkahn übersetzten, mit einer Autofähre bei **Sahurs** überqueren.

Man streift das berühmte Benediktiner-Kloster „**Le Bec Hellouin**", das zu den geistigen Zentren des 12. Jahrhunderts gehörte. Als das Kirchenschiff später einstürzte, blieb nur noch der mächtige Glockenturm übrig. Heute gibt es hier noch eine kleine Gemeinschaft von 15 Benediktinermönchen.

Sehr abwechslungsreich geht es weiter durch das ländliche **Pays d'Auge**, die **Normannische Schweiz** mit ihren steilen Felsklippen und tief eingeschnittenen Täler, durch die Heckenlandschaft der normannischen **Bocage**.

Von **Avranches**, wo man erstmals aus der Ferne den Mont sieht, geht es über **Genêts** durch die Bucht zum Mont Saint-Michel.

Für diesen Weg von Rouen zum Mont Saint-Michel empfiehlt sich der Führer „Itinéraires de Pèlerins – Les chemins des Ducs de Normandie", der 1995 vom Verein „Les chemins du Mont-Saint-Michel" herausgegeben wurde. Er enthält detailliertes Karten- und Informationsmaterial. Leider gibt es das Buch bislang nur auf Französisch. Man kann ihn bei dem Verein bestellen oder über den französischen Buchhandel beziehen.

Auf der Internetseite des Vereins kann man ein Bestellformular herunterladen.

Association „Les chemins du Mont Saint-Michel"
La Tourelle – Résidence Léonard Gille
14500 Vire
Tel:/Fax 0033 02 33 70 83 49
Die Vereinigung der Freunde des Weges hat den Führer „Itinéraires de Pèlerins" herausgegeben, der sich mit den alten Pilgerrouten beschäftigt: www.lescheminsdumontsaintmichel.com

Die historische Route zu den normannischen Abteien

Die Normandie ist das Land der Abteien. Deren Geschichte reicht zurück bis in die Zeit der Merowinger. Sie spielten unter Wilhelm dem Eroberer eine herausragende Rolle in Wirtschaft und Politik und bestimmten weitgehend Geistesleben, Religions- und Kunstgeschichte der Normandie. Ihre Einflüsse sind bis in die Neuzeit spürbar. Später teilten Augustiner und Benediktiner sich das normannische Terrain und prägten den jeweiligen Stil dieser Gotteshäuser. 60 dieser bedeutenden Abteien blieben erhalten, 120 waren es zu ihren Glanzzeiten. Abteien, Kathedralen, Pfarrkirchen und selbst kleine Kapellen auf dem Land verfügen über Kirchenfenster, deren Zahl und künstlerischer Reichtum sie zum bedeutendsten Kunstschatz ihrer Art in Frankreich machen.

Was die sakrale Kunst angeht, gehört die Normandie zu den herausragenden französischen Regionen, mit prägender Wirkung auf die dortige Architektur und Kunst. Ihr Einfluss reicht von England über Süditalien bis in den Mittleren Orient. Die Kathedralen von Rouen, Evreux, Bayeux, Coutances, Sées und natürlich die des Mont Saint-Michel gelten als Inbegriff der normannischen Spätromanik. Manche von ihnen erfuhren eine funktionale Wandlung wie die von Wilhelm dem Eroberer erbaute **Abbaye-aux-Hommes** in Caen. Aus der

Abbayes Normandes
Route historique
6, rue Couronné
76420 Bihorel
Tel.: 00 33 (02) 35 12 41 60
Fax 00 33 (02) 35 12 41 61
contact@abbayes-normandes.com
www.abbayes-normandes.com
Auf der Website erfährt man alles Wissenswerte bis hin zu aktuellen Veranstaltungen

Abtei wurde ein repräsentatives Bürgermeisteramt.

Unter dem Namen **Route des Abbayes Normandes** bilden sie gemeinsam eine Plattform: 30 verschiedene Abteien – eine berührender als die andere, alle ein bisschen ähnlich und doch ganz einzigartig. Man sollte sich Zeit für sie nehmen, zumal sich in ihrer Nähe oft herrliche Schlösser, Manoirs und Museen befinden. In einigen dieser Abteien führen Mönche und Nonnen die klösterliche Tradition fort, so wie in **Le Bec-Hellouin** – einem lebendigen Stück normannischer Geistesgeschichte. Prächtige Abteien wie **Saint-Georges-de-Boscherville**, ein Meisterwerk der normannischen Romanik, wurden hier gegründet. Heute stehen Besuchern die Türen weit offen, wo sie sich auch zu einem Gebet zurückziehen können.

Routen von England aus

Schon aus der historischen Tradition der anglonormannischen Beziehungen und der geographischen Lage heraus kamen englische Pilger in die Normandie. Was lag da näher, als den heiligen Berg aufzusuchen? Meist begannen sie ihren Pilgerweg an der Kathedrale in Winchester, landeten dann entweder in Barfleur oder in Cherbourg in der Basse-Normandie.

Der etwa 180 km lange Weg, der dem gesamten Küstenverlauf des Ärmelkanals von Cherbourg oder von Barfleur zum Mont Saint-Michel folgt, wurde 1999 vom Verein der Freunde der alten Pilgerwege wieder instandgesetzt. Der Verein kooperierte dabei mit der englischen Grafschaft Hampshire, weil es auf der Hand liegt, dass es sich bei den Pilgerwegen zum Mont Saint-Michel um ein europäisches Projekt mit hoher Symbolik handelt. Deshalb wurde die Eröffnung des Weges 1999 so geplant, dass die in Winchester startenden Pilger auch pünktlich am 29. September, dem Namensfest des hl. Michael, auf dem Mont Saint-Michel ankamen. An dieser Premiere nahmen 850 Pilger teil. Natürlich weichen die heutigen Pilgerwege von den mittelalterlichen teilweise ab, weil sie neue Straßenführungen aufnehmen. Bei der neuen Ausschilderung wurde darauf geachtet, dass heutige Pilger auch auf touristische Infrastrukturen zurückgreifen können wie Übernachtungsmöglichkeiten oder kleine Restaurants. Zwei historische Wegstrecken lassen sich zurückverfolgen. Also wurden auch zwei Wege ausgearbeitet, die in 25-km-Etappen aufgeteilt sind – ein Tagespensum, das die meisten Pilger schaffen.

Die erste Strecke verläuft quer durch das Departement **Manche**. Dabei erlebt der Pilger die verschiedenen Landschaftsformen wie Moorland, Salzgärten und Land. Er wird durch das Landesinnere über **Barfleur** und **Montebourg**, das wiederum auf dem Jakobsweg liegt, nach **Carentan** geführt. Der Weg geht unmittelbar in das Herz des **Cotentin** mit seinen Marschen, den „Marais" und nimmt dabei eine alte römische Straße auf, die über die gallo-römische Siedlung und Bischofsstadt **Coutances** nach **Avranches** läuft.

Den zweiten Weg im Westen des Departements kann man zu großen Teilen an der Küste entlang laufen. Dieser Weg ist von charmanten kleinen Häfen und Seebädern – wie beispielsweise **Portails** oder **Granville** – gesäumt.

Association „Les chemins du Mont Saint-Michel"
La Tourelle – Résidence
Léonard Gille
14500 Vire
Tel:/Fax 0033 02 33 70 83 49
Die Vereinigung der Freunde des Weges hat 6 Routen wieder restauriert, darunter den „Chemin des Anglais". Wegbeschreibungen und Kartenmaterial auf Französisch und Englisch.
www.lescheminsdumont-saintmichel.com

Comicstrip der Geschichte: Der Teppich von Bayeux

Natürlich, in **Bayeux** lohnt sich der Besuch der gotischen Kathedrale mit ihrer romanischen Krypta. Aber als Hauptattraktion der mittelalterlichen Stadt gilt vor allem eine Tapisserie, der Weltrang zuzusprechen ist. Der Wandteppich von Bayeux erzählt den Auszug des normannischen Herzogs **Wilhelm** nach England bis zur Eroberung der Insel durch die Normannen nach. Dieser „längste Comicstrip der Welt", wie oft zitiert, kann im **Musée de la Tapisserie de Bayeux** angeschaut werden, gut geschützt in einem langen Schaukasten.

Bei den etwa 70 Meter langen verbundenen Leinenstücken handelt es sich nicht nur um ein handwerkliches Kunstwerk von außerordentlicher Qualität, sondern um ein einzigartiges Zeitdokument aus dem 11. Jahrhundert, eines der ältesten Zeugnisse der normannischen Geschichte überhaupt. Der Teppich entstand in den 1070er Jahren und schildert als wichtigstes zeitgenössisches Dokument bildhaft die berühmte Schlacht von Hastings.

Musée de la Tapisserie de Bayeux
Überall in der Stadt sind Hinweisschilder auf das Museum. Es ist täglich geöffnet außer Weihnachten und Sylvester. Audio-Guides mit einer Führung von ca. 20 Minuten sind in 14 Sprachen vorhanden.
www.tapisserie-bayeux.fr
www.bayeux-tourisme.com
www.unesco.com

Der Teppich ist nicht, wie man vermuten könnte, geknüpft, sondern minutiös mit vielen farbigen Wollfäden auf Leinen gestickt. Die Ränder sind mit Ornamenten und Tierdarstellungen dekoriert. Und am oberen Rand findet man vielfach lateinische Beschriftungen der Ereignisse

wie der dargestellten Personen. In 58 verschiedenen Szenen werden der Tod von **König Harald II.,** die Wikingerschiffe, die Pferde, die Kleidung der Soldaten und ihre Waffen mit unglaublicher Detailgenauigkeit wiedergegeben. Dabei erfahren wir auch wesentliche Bestandteile und Eigenheiten des ritterlichen Lebens und der Kampftechniken. Eine der vielen Szenen zeigt eine Waffenübergabe an einen jungen Ritter, welche die Aufnahme in das Kriegergefolge markiert. Dabei kann man den unterschiedlichen Einsatz der Lanzen verfolgen.

Der Wandteppich wurde möglicherweise von Wilhelms Halbbruder, **Bischof Odo von Bayeux**, in Auftrag gegeben. Odo hatte sich direkt an der Schlacht beteiligt, was ebenfalls mehrfach auf dem Teppich dargestellt ist. So lässt der Begleittext bei der Darstellung von Haralds Tod offen, ob er sich auf den Angelsachsen bezieht, den ein Pfeil ins Auge traf, oder auf einen anderen Krieger, der von einem normannischen Reiter niedergestreckt wird. Nach den Konventionen der damaligen Zeit war es nicht möglich, den Tod eines Königs so darzustellen, dass er vom Pfeil eines einfachen Bogenschützen getroffen wurde. Aber Wilhelm hatte das Königtum Haralds ohnehin nicht anerkannt. Um den Rang dieser Geschichten und ihrer Geschichte zu würdigen, verlieh die UNESCO 2007 dem Teppich die ganz besondere Auszeichnung: „**Memory of the world**“.

Granville – Stadt zwischen Frömmigkeit und Eleganz

Schmal ragt auf einem langgestreckten Felsvorsprung im Süden des **Cotentin** der Ort Granville wie eine Nase ins Meer. Die Stadt am Ärmelkanal besteht aus der alten, von mächtigen Festungsmauern umgebenen **Oberstadt** (haute ville) und der mondänen **Unterstadt** (basse ville), wegen der man Granville wohl auch zeitweise „Monaco des Nordens" nannte. Schließlich gibt es hier ein Casino!

Die Oberstadt mit ihren strengen Granitbauten, deren Steine von der **Insel Chausey** stammen, entstand im Wesentlichen im 15. Jahrhundert. Man kommt immer noch über eine Zugbrücke und ein altes Stadttor in die Altstadt. Die Lage der äußersten Spitze der Oberstadt, die **Pointe du Roc** – auch **Cap Lihou** genannt – mit der frisch roten Leuchtturmspitze ist einmalig: offenes Meer nach drei Seiten hin. Hier hat die Geschichte Spuren hinterlassen: einen Bunker aus dem Zweiten Weltkrieg sowie ein Granitdenkmal zur Erinnerung an die verschollenen Seeleute. Spaziergänge an der Stadtmauer entlang sind absolut empfehlenswert.

In der Unterstadt befindet sich ein kleiner Strand und das eigentliche kommerzielle Zentrum mit Cafés, Boutiquen, touristischen Einrichtungen und einem Zentrum für Thalassotherapie. Ab Mitte des 19. Jahrhunderts hatte Granville sich zu einem eleganten Badeort entwickelt.

Er zog so bedeutende Schriftsteller wie Stendhal, Jules Michelet und Victor Hugo an. Das Seebad war von Paris aus bequem erreichbar, weil damals eigens die Napoleonische Eisenbahnlinie *Paris-Granville* eingerichtet wurde. So konnte auch vieles zwischen Granville und Paris hin- und hergeschickt werden; nicht zuletzt gelangten auf diese Weise viele Kisten mit frischen Austern in die Hauptstadt. Eine Krankheit ließ die Austernzucht in den 30er Jahren allerdings erlahmen.

Seit dieser Zeit prägt in den Sommermonaten der Badetourismus das städtische Leben, das eine große Leichtigkeit und Lebensfreude ausstrahlt. Auch der Karneval hat hier eine große Tradition.

Granville ist dazu ein beschauliches Hafenstädtchen. Vielleicht war es deshalb der ideale Ausgangspunkt für die Weltkarriere des großen Couturiers Christian Dior, der sich hier inspirieren ließ (S. 54).

Chambre d'hôtes
Le Logis du Roc
Nadera & Eric Pertotin
13, rue Saint Michel
50400 Granville
Tel:/Fax 02 33 50 75 71
Handy: (0)618 35 87 42 oder (0)614 64 31 37
contact@lelogisduroc.com
www.lelogisduroc.com
Sehr persönlich eingerichtet und in der Oberstadt gelegen. Ein paar Schritte weiter hat man einen atemberaubenden Blick auf das Meer.

Frömmigkeit und Meer: Der „Pardon“, die Wallfahrt der Seeleute

Die herausgehobene Lage am Meer hat den Alltag der Menschen in Granville immer stark geprägt. Dies gilt natürlich besonders für das harte und gefährliche Leben der Fischer (Granville war früher das Zentrum des Kabeljau-Fangs). Die Flut steigt hier höher als an allen anderen Stellen des Ärmelkanals; das Wetter ist oft rau; viele Seeleute verloren ihr Leben auf hoher und stürmischer See. Nicht zuletzt wegen dieser allgegenwärtigen Abhängigkeit von der Natur und ihren Gewalten hat sich eine starke Frömmigkeit entwickelt. Zu ihr gehört die tiefempfundene Dankbarkeit, wenn das Leben von äußerem Unglück verschont blieb.

Zentren der Frömmigkeit in der Stadt mit ihren kaum mehr als 10.000 Einwohnern sind die Wallfahrtskirche **Eglise Notre Dame du Cap Lihou**, dann **Saint-Paul** und schließlich **Saint-Nicolas**. Weitere sieben Kirchen, darunter einige aus romanischer Zeit, kommen im Umland hinzu. Die Kirche **Saint-Nicolas** aus dem Jahre 1490 – das Datum ist noch an der Stirnseite sichtbar –, wurde lange Zeit ihrer Form wegen „la grange de Sarrazin“, die Scheune des Sarrazin, (so hieß ein Pfarrer Anfang des 19. Jahrhunderts) genannt. 1853 schlug in sie der Blitz ein, 1845 begann man mit dem Wiederaufbau, die Restaurierung war erst 1889 fertig. Da auch das Innenleben der Kirche zerstört war, erhielt sie bei dieser Gelegenheit einiges an Mobiliar aus der alten

Hospitalkapelle, die danach zerstört wurde.

Die Kirche **Saint-Paul** aus dem 19. Jahrhundert lebt vor allem von ihrem besonderen Licht. Geht man an den Kirchenfenstern von Mauméjean, Paul Bony und Félix Gaudin entlang, so trifft man auf viele bekannte Heilige aus der Bibel. Natürlich werden hier auch die christlichen Tugenden und Werte – so die Hoffnung, symbolisiert durch den Seemanns-Anker – und die sieben Sakramente dargestellt. Die Mosaiken von Rocher de Gérigné zeigen die Schönheit als kostbare Perlen, welche die Worte des Evangeliums widerspiegeln. Diese Kirche wurde von einem Orkan Ende Dezember 1999 stark beschädigt, so dass sie wegen Einsturzgefahr zwei Jahre lang nicht betreten werden konnte.

Mittags segnet der Bischof von Coutances, Stanislas Lalanne, das Meer (links) und am Abend (rechts) wird die Marienstatue – ***Notre Dame du Cap Lihou*** *– von den Gläubigen wieder zurück in die Kirche Eglise de Notre Dame getragen.*

Die **Eglise Notre Dame**, die über der Oberstadt thront, wurde mit grau-rosa Granit aus den Steinbrüchen der **Insel Chausey** erbaut. Ihr Bau ist in drei verschiedenen Epochen entstanden: der Glockenturm im 15. Jahrhundert, die Apsis im 16. und 17. Jahrhundert und die Ostfassade in der Barockzeit. In ihrer strengen Eleganz erscheint sie erstaunlich homogen. Auf der Stirnseite der Fassade, die im Stile Ludwigs XIII. gestaltet ist, finden wir eine Inschrift, die eine Einladung bekräftigt: „Si l'amour de Marie est en ton coeur gravé, en passant ne t'oublie de lui dire un *Ave*." „Wenn Marias Liebe in Dein Herz gegraben ist, so vergiss nicht, ihr im Vorübergehen ein *Ave* zu sagen." Im Inneren der Kirche findet man dann eine

sehr anmutige Marienstatue aus dem 14. Jahrhundert, „Notre Dame du Cap Lihou". Diese Madonna, Schutzpatronin der Seeleute, spielt auch während der alljährlichen Wallfahrt am letzten Julisonntag, dem sogenannten **Grand Pardon du Cap Lihou**, eine im wahrsten Sinne tragende Rolle.

Sie wird nämlich am frühen Morgen, üppig mit weißen Blumen geschmückt, auf einem weißen Schiff zur Fischhalle am Hafen getragen. Dort zelebriert man in Anwesenheit des Bischofs von Coutances auf dem Vorplatz eine öffentliche Messe, an der um die tausend Menschen teilnehmen. Die „Demoiselles du Pays Granvillais", Normanninnen, treten in ihrem traditionellen Festtagskleid mit Spitzenhaube auf. Es fehlt nicht an stolzen Militärs und würdigen Fahnenträgern. Die durchgängige

Frömmigkeit ist sehr bewegend. Die Fischerkooperation von Granville, die diese Wallfahrt zusammen mit der Diözese organisiert, widmet sie den im Meer verschollenen Seeleuten, damit sie für immer im Gedächtnis bleiben. Das spürt man.

Um 12 Uhr mittags wird die Statue der Jungfrau in dem Schiff zum Meer getragen. Gemeinsam mit der „Société Nationale de Sauvetage en Mer" und dem Bischof fahren diejenigen, die einen Verwandten auf See verloren haben – Fischer, Matrosen oder auch Sportsegler – auf das Meer, um es zu weihen. Dabei werden frische Blumen auf dem Wasser verstreut.

Um 15 Uhr folgt dann an der Fischhalle mit Gesang und Tanz der volkstümlichere Teil. Da werden auch Matrosenlieder gesungen. Dabei ruht die Marienstatue wieder prunkvoll geschmückt in ihrem Boot, dorthin kann man sich dann auch zum Gebet zurückziehen.

links: Versammlung der Gläubigen am Hafen – ***Maria zu ehren*** *– um der auf dem Meer Gebliebenen zu gedenken, Brot und Wein zu teilen – und einen Hummer (unten).*

Am Abend versammeln alle sich erneut an der Fischhalle. Von dort aus zieht bei sich senkendem Abendlicht unter Gebeten und Gesängen eine Lichterprozession in die Oberstadt, entlang der Stadtmauer durch das alte Stadttor zurück in die Kirche Notre Dame.

Es ist ein sehr stimmungsvolles Erlebnis, wenn man oben ankommt und zu beiden Seiten das Meer im Abendlicht erlebt, vom Kirchenschiff und den erleuchteten Kirchenfenstern im Innern empfangen wird und schließlich festlich die alte Orgel erklingt. *Ave Maria.*

Pilgern zum Modepapst: Christian Dior

Direkt über den Klippen oberhalb der Stadt Granville steht das Elternhaus von Christian Dior – umgestaltet zu einem einzigartigen Museum. In dem hocheleganten Haus wartet eine Zeitreise durch die Welt der Mode auf den Besucher. Hier, in der „Villa Les Rhumbs“, lebte zur letzten Jahrhundertwende die Familie des Modeschöpfers. Hier wuchs er auf, hier machte er seine ersten Designerfahrungen und nahm die Düfte der Natur auf. Seine Mutter hatte einen prächtigen Rosengarten mit betörenden Düften angelegt. Kein Wunder, dass sich hier der geniale Modeschöpfer zu seinen Klassikern inspirieren ließ, die Parfum-Geschichte schrieben – wie „Eau Sauvage“ oder „Miss Dior“.

In dem exotischen, dem Meer zugewandten Garten stehen heute noch die strengen weißen Gartenmöbel, die der Kreateur selbst entworfen hat.

Christian Dior, Sohn eines Großindustriellen, war zunächst in den diplomatischen Dienst gegangen, begann seine Karriere dann aber als Galerist. Als seine kleine Kunstgalerie 1931 insolvent wurde, skizzierte er anfangs Hüte, bevor er für Robert Piquet erste Modezeichnungen anfertigte.

Piquet engagierte den begabten Maler und Zeichner ab 1938. Eine weitere Station war das Modeteam von Lucien Lelong. 1947 engagierte ihn der Textilfabrikant Marcel Boussac als Modeschöpfer, um die künstlerische Leitung für ein neu zu gründendes Haute-Couture-Haus zu übernehmen. Schon Diors erste eigene Modekollektion von 1947 war ein Riesenerfolg: der New Look.

Inzwischen hat die Stadt Granville das Anwesen erworben. So sind Haus und Garten heute jedermann zugänglich. Alljährlich finden im Museum Christian Dior Ausstellungen zu einem speziellen Modethema statt. Die Ausstellung 2009 beispielsweise war eine Hommage an den 1926 geborenen Marc Bohan, der Ende der 50er Jahre Dior London leitete und anschließend fast drei Jahrzehnte Dior Paris. Die Entwicklung der Mode wird dabei den Stilrichtungen in den Bereichen Kunst, Design und Lifestyle dieser drei Jahrzehnte gegenübergestellt, die heute geradezu mythisch erscheinen.

Man begegnet Persönlichkeiten, die von Dior eingekleidet wurden, wie Sophia Loren, Liz Taylor, Grace Kelly, Soraya oder Jackie Kennedy. Da sind nicht nur Haute-Couture-Roben zu sehen, sondern im Hintergrund auch Zeichnungen, Accessoires, Krawatten, Tücher, Schuhe etc. sowie die unverwechselbaren Parfums in alten Flacons, deren Duft man im Garten mit Hilfe von Duftspendern aufnimmt.

Informationen
Musée et Jardin Christian Dior
Rue Estouteville
50400 Granville
Tel: 02 33 61 48 21
Fax 02 33 61 99 15
museechristiandior@wanadoo.fr
www.musee-dior-granville.com
Der Garten ist ganzjährig geöffnet, die Ausstellungen beginnen am 1. Mai und gehen bis Ende September.

Die Pilgerkirche an der Côte de Grâce

Fährt man an der **Côte de Grâce** (sinngemäß: Gnadenküste) durch die sanft hügelige Landschaft mit ihren schattigen Alleen, gelangt man zu einem grandiosen Aussichtspunkt.

Auf dem **Mont Joli** selbst steht eine anmutige romantische Landkapelle aus dem 17. Jahrhundert mit steinernem Reliefschmuck und etlichen Heiligenstatuen an der Fassade: **Notre Dame de Grâce** (Unsere gnadenreiche Frau). Der Name spiegelt auch den frommen Wunsch, in Sicherheit zurückkommen zu können. Dankestafeln erinnern daran, dass zahlreiche Gebete erhört wurden. Eine Inschrift in der Kapelle zeigt, wie tief verwurzelt die Frömmigkeit hier ist und seit wann dieser außergewöhnliche Andachtsort schon aufgesucht wird: „Diese Kapelle, erbaut zwischen 1600-1615 von den Bürgern und Seeleuten Honfleurs, auf dem gestifteten Land von Madame de Montpensier, ersetzt eine alte Kapelle, die im Jahr 1023 von Richard II., Herzog der Nor-

mandie, geweiht und bei einem Erdrutsch im 16. Jahrhundert zerstört wurde."

Vom „Calvaire" aus, dem landestypischen Kalvarienberg, hat man einen wunderschönen Blick über die Seinemündung bis Le Havre. Die kühne Schrägseilkonstruktion der **Pont de Normandie** ist hier zu bewundern, ebenso die majestätische Ausweitung des Flusses. Hier sammelten sich früher die Seefahrer zum Gebet, bevor sie den Hafen verließen, um in See zu stechen und sich auf den gefährlichen Weg in die Neue Welt aufzumachen.

Unterhalb des **Mont Joli** in Richtung Honfleur hat man zudem einen phantastischen Blick über die pittoreske Hafenstadt. Wer in ihre Richtung weiterfährt, gelangt in das alte Viertel Sainte Catherine und zu einer weiteren Pilgerkirche: der **Eglise Sainte Catherine**, dem Wahrzeichen von Honfleur. Mit ihren hölzernen Schiffsrümpfen nimmt sie auf, was hier den Lebensrhythmus bestimmt hat: die Schifffahrt. Mehr über Honfleur erfahren Sie auf Seite 60 ff.

Die Pont de Normandie

Wenn man das gewaltige Mündungsdelta der Seine überquert, sieht man auf der nördlichen Seite die ausgedehnten Industrieanlagen von Le Havre und am südlichen Ufer der Mündung den Hafen und den Strand des malerischen Städtchens Honfleur. Die kühne Konstruktion raubt jedem Benutzer buchstäblich den Atem. Befährt man sie mit dem Auto, hat man das Gefühl, in hohem Bogen in den Himmel aufzusteigen. Die Pont de Normandie beschert ein wirkliches Ur-Erlebnis.

Als Schrägseilbrücke, die an 215 Metern hohen, Y-förmigen Pylonen aus Spannbeton und Stahl hängt, war sie bereits bei ihrer Fertigstellung eine Sensation. Viele sagten: ein Sprung in eine technisch und ästhetisch neue Dimension. Ihr Konstrukteur, der französische Ingenieur Michel Virlogeux, erhielt für dieses fotogene Meisterwerk zahlreiche Auszeichnungen. Sein neuester Geniestreich: die Autobahnbrücke Viaduc de Millau in den Pyrenäen. Begonnen wurde mit dem Bau der Normandie-Brücke 1998, sechs Jahre später war die technisch

Informationen

Die Autoüberquerung kostet 5 €. Die Pont de Normandie ist eine der wenigen Großbrücken Europas, die kostenlos auch mit dem Fahrrad oder zu Fuß überquert werden können. Allerdings empfiehlt es sich dafür einen eher windstillen Tag auszusuchen und gut auf den Verkehr – besonders die LKW – zu achten. Der Gehweg ist sehr schmal und nur durch einen wenige Zentimeter hohen Bordstein von der Fahrbahn getrennt.

höchst aufwändige Konstruktion fertiggestellt. Die Sicherheitsprüfungen nahmen anschließend noch ein weiteres ganzes Jahr in Anspruch.

Ein Grund dafür: Schrägseilbrücken dieser Art sind empfindlich gegen den Wind, ein Umstand, der beim nahen offenen Meer natürlich doppelt zählt. Das beginnt schon beim Bau, weil die Tragwerke, die von beiden Seiten „vorgeschoben" werden, leicht in Schwingungen geraten können, bevor sie sich treffen und dann zu einer einheitlichen Fahrbahn verbunden werden. Aber auch die fertige Schrägseilbrücke ist windempfindlicher als andere Konstruktionsformen. Deshalb wurden spezielle Schwingungsdämpfer und Sicherungsseile eingebaut.

Auf der anderen Seite bietet diese Brückenarchitektur eine unnachahmliche Eleganz, vermittelt Leichtigkeit und Kühnheit und setzt einen technischen Akzent, der die Landschaft nicht stört, sondern bereichert. Die Brücke hat eine Gesamtlänge von über zwei Kilometern, in ihrem mittleren Teil zwischen den Pylonen überspannt sie die Seine frei mit 856 Metern. Wie gelungen die Brücke ist, bestätigen alle Reisenden.

Auch Pilger werden bei dem faszinierenden Anblick begeistert sein – auf dem Brückenweg in den Himmel.

Honfleur – die malerische Hafenstadt

Honfleur ist eine einzige Einladung. Der französische Dichter Charles Baudelaire, der im 19. Jahrhundert hier seine „Invitation au voyage" („Einladung zur Reise") schrieb, während er in Paris die „künstlichen Paradiese" beschwor, hatte keinen sehnlicheren Wunsch, als in das Haus seiner Mutter nach Honfleur zu ziehen. Es sollte allerdings für ihn ein Traum bleiben. Die Stadt bezauberte aber nicht nur ihn, den Dichter, sondern auch Musiker und Maler, einfach durch ihre Schönheit und Ruhe sowie ihre Nähe zum Meer.

Der 1872 geborene Multimedia-Künstler und Komponist der „Gymnopédies" **Erik Satie** beschrieb seinen Geburtsort so: „Honfleur ist eine kleine Stadt, in ihr mischen sich in komplizenhafter Einigkeit die poetischen Fluten der Seine und die stürmischen des Ärmelkanals." Seine klangvollen Kompositionen sind sicherlich vom Wellenspiel am Hafen oder der Küste um die Stadt beeinflusst. Seinen akustischen Spuren kann man in der Stadt bei einer Audioführung folgen.

Im 19. Jahrhundert wurde Honfleur zum Zentrum künstlerischer Aktivitäten. Die impressionistischen Maler wussten die pittoreske Landschaft und das Lichtspiel zwischen Meer und blauem Himmel schon immer zu schätzen. Mit ihren Bildern setzten sie diese stimmungsvolle Stadt in Szene.

So etwa der Pointillist Georges Seurat, der den „Hafen von Honfleur" und andere Motive der Stadt malte. **Eugène Boudin**, der Maler der Küstenlandschaften, wurde 1824 hier geboren, Maler wie Courbet, Sisley, Pissarro, Renoir und Cézanne kamen nach Honfleur und trafen sich oft in der **Ferme St-Siméon**. Claude Monet machte die „Rue de la Bavole" zum Thema eines Ölgemäldes.

Besonders das alte Hafenviertel mit seinen Holzbauten findet man heute noch auf vielen Darstellungen. Rund um das „Vieux Bassin" (alte Hafenbecken) aus dem 17. Jahrhundert stehen ungewöhnlich hohe Häuser. Hier verleiht die untergehende Spätnachmittagssonne der Stadt einen sehnsüchtigen und melancholischen Zauber. Da ist es pure Entspannung, lässig an den kleinen Antiquitätenläden, Galerien oder Boutiquen vorbeizuschlendern und von einem der Cafés oder von der Kaimauer aus das Treiben auf sich wirken zu lassen.

Honfleurs schiefergedeckte, schmalbrüstige Häuser – manche bis zu sieben Stockwerken hoch – und die mit Kopfstein gepflasterten, gewundenen Sträßchen verströmen einen unnachahmlich lässigen Charme. Selbst bei schlechtem Wetter ist es ein Genuss, die Verwandlung der Farben bis hin zum tiefen Dunkelgrau zu beobachten.

Im historischen Kern befinden sich auch **La Lieutenance** (das frühere Stadttor), die **Kirche Saint-Etienne** sowie die **Greniers à Sel**, die Salzspeicher aus dem 17. Jahrhundert. Hier finden heute Ausstellungen, Konzerte und Seminare statt.

Honfleurs Geschichte lässt sich bis ins 11. Jahrhundert zurückverfolgen. Berühmt wurde die Stadt vor allem im 17. Jahrhundert durch den Seefahrer Samuel de Champelain, der von hier aus Richtung Kanada in See stach. Eine Tafel im Hafen erinnert an seinen kühnen Aufbruch und die anschließende Gründung von Québec.

Den Stadtmittelpunkt bildet die **Place Sainte Catherine**, die vom Wahrzeichen der Stadt, einer sehr ungewöhnlichen Holzkirche, überragt wird. Sie wurde Ende des 15. Jahrhunderts nicht von Architekten und Maurern entworfen und erbaut, sondern

von ansässigen Kaufleuten, die das Material und die Erfahrungen ihres Gewerbes mit einbrachten.

Die Gewölbe der beiden Kirchenschiffe wirken wie die umgedrehten Rümpfe zweier Schiffe, die auf grob gezimmerten Vierkantpfeilern ruhen. Nach Art der Fachwerkhäuser des **Pays d'Auge** wiederum bestehen die Innenwände aus Fachwerk. Der behäbigere, mit Schindeln bedeckte Glockenturm auf der gegenüberliegenden Seite des Platzes wurde vermutlich separat gebaut, um befürchtete Risiken der Statik zu vermeiden.

Von der **Place Catherine** strahlen Sträßchen mit Galerien, Boutiquen und kleinen Restaurants aus. Nur wenige Fußminuten entfernt liegt das **Musée Eugène Boudin**, in dem sowohl impressionistische Bilder als auch volkstümliche Möbel, Trachten und Hauben ausgestellt sind.

Im **Musée de la Marine** des **Musée du Vieux Honfleur** findet sich eine beeindruckende Sammlung von Modellschiffen und interessanten Dokumentationen zur frühen Seefahrt, während im anderen Teil, dem **Musée d'Ethnographie et d'Art Populaire**, normannische Alltagsobjekte zu bewundern sind.

Am Samstagmorgen lockt auf der Place Catherine der Wochenmarkt. Da werden Spezialitäten wie Apfeltarte, Schokoladentrüffel, Ziegenkäse, Camembert und andere Köstlichkeiten wie Cidre und Calvados ausgebreitet. Der Markt, der mit seinem geschäftigen Treiben bis zum Hafen reicht, ist ein lebensfrohes und farbenreiches Fest des Alltags.

Übernachten:
La Cour Sainte Catherine
Liliane Giaglis
74, rue du Puits
14600 Honfleur
Tel: 02 31 89 42 40
www.giaglis.com
Wunderhübsches Chambre d'hôtes im Künstlerviertel mit einem wildromantisch bewachsenen Innenhöfchen

Sommergäste in Deauville – die normannische Riviera

Bei dem Namen „Deauville“ stellen sich viele eine vergangene Welt mit vornehmen, eleganten Damen vor, die auf der Meerespromenade mit Sonnenschirmen flanieren. Deauville hat wie das südliche Cannes heute immer noch den Ruf eines luxuriösen internationalen Seebades, das ein reiches mondänes Publikum magisch anzuziehen scheint.

Das spektakuläre Casino mit seinen glanzvollen privaten Salons ist eine Attraktion für internationale Gäste. Als es 1911 errichtet wurde, zog es in der Folgezeit auch namhafte Künstler, Modemacher, Politiker und Geschäftsleute an wie Eugène Boudin, Raoul Dufy, Camille Saint-Saëns, Yves Saint Laurent, Gustave Flaubert, André Citroën oder Coco Chanel.

Die Attraktivität der Stadt hat viel mit Geld und Pferden zu tun. Deauville und die edlen Tiere sind so unzertrennlich wie Deauville und das Meer. Mit zwei Pferderennbahnen, einem Trainingszentrum und dem in Kürze eröffnenden Reitkomplex ist die Stadt stark mit dem Reitsport verbunden: Rennen, Springreiten, Auktionen, Polo, internationale Begegnungen in den Reitdisziplinen, nicht zuletzt die legendären Ausritte am Strand. Im August beginnt die Saison mit Polo und am Ende steht der „Grand Prix“ von Deauville.

Direkt am Meer liegen die beiden berühmten Grandhotels, das „Normandy“, ein zartgrün mit Giebeln geschmücktes Fachwerkgebäude und das eher klassische glitzernde „Royal“. In den schmalen Straßen zwischen diesen beiden Prachtbauten locken verführerische Boutiquen mit Pariser Chic wie die von Hermès, Cartier und Coco Chanel. Gegenüber auf dem breiten Boulevard des Strandes liegen Strandhütten, Bars und Deauvilles hölzerne alte Seepromenade „Les Planches“ mit ihren blauen und roten Sonnenschirmen.

Kein Wunder, dass sich die Filmszene von diesem luxuriösen Ort angezogen fühlt. Im September findet hier das „Festival du Cinéma Américain“ statt, dann das „Festival des asiatischen Films“. Festivals durchziehen das ganze Jahr mit dem „Oster-Festival“, dem „Musikalischen August“ oder „Swing'In Deauville“ und der Buchmesse „Livres & Musiques“. Segler aus aller Welt kommen zur Segelwoche, der „Deauville International Week“. Automobil-attraktiv ist die Rallye Paris-Deauville für Oldtimer-Sammler. Die Top Résa als Internationale Messe versammelt Fachkräfte der Touristikbranche. Die Stadt hat in jeder Saison etwas zu bieten, deshalb wird dieser Ort auch so geschätzt.

Office de Tourisme de Deauville
Place de la Mairie
14800 Deauville
Tel: 02 31 14 40 00
Fax 02 31 88 78 88

Das alte Pont l‘Évêque

Im Becken des Flusses Touques, der eine malerische Landschaft durchfließt, finden Reisende die alte und ursprüngliche Normandie. Und doch lebt dieses Departement auch von seinen Gegensätzen. Gerade mal 20 Minuten vom mondänen Deauville entfernt liegt das sympathisch verschlafene Städtchen Pont l‘Évêque mit seinen alten normannischen Fachwerkhäusern. Ein Ort, nach dem eine bekannte Käsesorte benannt wurde! Mit seiner gewachsenen Rinde zählt der Pont l’Évèque vermutlich zu den ältesten Käsesorten der Normandie. Verbürgt ist, dass schon im 17. Jahrhundert aus dem Ort Käse in alle Ecken Frankreichs geliefert wurde.

Im Mittelalter war die Stadt ein wichtiger Sitz der Grafschaft **Auge**. Im 15. Jahrhundert wurde sie von den Engländern besetzt, später hatte sie unter den Religionskriegen zu leiden. 1944 wurde Pont L‘Evèque zu zwei Dritteln zerstört, bevor es von den Alliierten befreit wurde.

Erstaunlicherweise blieb die **Eglise Saint-Michel** erhalten, ebenso wie das nicht weit entfernt liegende, 1624 aus rosa Ziegeln erbaute und geradezu pariserisch anmutende **Hôtel Montpensier**, in dem heute die Bibliothek untergebracht ist.

Im Mitte des 18. Jahrhunderts errichteten **Hôtel de Brilly** mit dem Wappen der Stadt an der Vorderfront – zwei Ochsen und drei Lilien – befindet sich heute das Bürgermeisteramt. Ihm gegenüber liegt das alte Dominikanerkloster, das inzwischen zu einem Kulturzentrum umgebaut wurde. Es ist eines der schönsten Fachwerkgebäude aus dem 16. und 17. Jahrhundert, dessen Hölzer zum Teil mit feinen Schnitzereien geschmückt sind.

Die **Rue de Vaucelles** wurde seit 1995 renoviert. Hier stehen herrliche Fachwerkhäuser aus dem 16. und 17. Jahrhundert, die im Stile der Zeit entsprechend farbig bemalt wurden.

Die ehrwürdige Herberge **Auberge de L'Aigle d'Or** stammt von 1520. In der Rue de la Comté liegt das alte Gefängnis vom Anfang des 19. Jahrhunderts, das den Spitznamen „**La Joyeuse Prison**" (Das lustige Gefängnis) trägt. Sein Architekt hatte nämlich beim Bau nicht nur an die Sicherheit, sondern auch an den Komfort der Gefangenen gedacht.

Es empfiehlt sich, bei einem Stadtspaziergang sowohl den Dominikanergarten mit seinen medizinischen Pflanzen aufzusuchen als auch den öffentlichen Park hinter dem **Hôtel Montpensier**. Von dort aus erreicht man leicht das Office de Tourisme, das Fremdenverkehrsamt, das in einem wunderschönen alten Fachwerkhaus untergebracht ist.

Office de Tourisme
16 bis, Place Jean Bureau
14130 Pont-L'Évêque
Tel: 02 31 64 12 77
Fax 02 31 64 76 96
contact@blangy-pontleveque.com
www.blangy-pont-leveque.com

Ein gewohntes Bild in der Normandie: ***Apfelbäume*** *auf satten grünen Wiesen.*

Äpfel aus dem Paradies – Malerische Apfelplantagen im Pays d'Auge

Der Reichtum des Landes lag und liegt vor allem in der Landwirtschaft begründet. Allein der Verkauf von Äpfeln und den aus ihnen gewonnenen Produkten kann ausreichen, um eine Pacht zu bezahlen. Der zarte Duft der Apfelblüten im Frühjahr und das erdige Aroma der reifen Früchte, die im Herbst überall in den Scheunen zum Pressen gelagert sind und sich zu großen Bergen auftürmen, sind betörend. Die Normandie ist tatsächlich in erster Linie das Land der Äpfel.

Reihen knorriger, kräftiger Bäume, die sich über die sanft geschwungenen Hügel ziehen, verleihen dieser Gegend das charakteristische Aussehen. Die Apfelblüte dauert meist vier Wochen, von Mitte April bis Mitte Mai. Es ist ein Erlebnis, wenn abertausende zartrosa Blüten einen süßen Duft verströmen und die Honigbienen fleißig Pollen und Nektar sammeln – von Tausenden von bestäubten Apfelbäumen inmitten saftig grüner Wiesen. Dabei kann man die wärmende Frühlingssonne, den Duft der Natur und das nicht enden wollende Summen im schönen **Pays d'Auge** genießen.

Die Besitzer der Apfelbäume warten auf den genauen Zeitpunkt, an dem sich die ersten Blüten öffnen, sie verfolgen den Flug der Bienen und anderer Insekten und registrieren besonders aufmerksam die Wettervorhersagen. Schließlich entscheiden die Menge der Apfelblüten sowie die erfolgreiche Bestäubung an möglichst warmen Frühlingstagen in hohem Maße darüber, ob die Apfelernte und somit die Produktion von **Cidre** und **Calvados** ihnen ein gutes Jahr bescheren werden.

Im feuchten, aber milden Seeklima an der französischen Küste entlang des Ärmelkanals reifen nach der Apfelblüte fast 100 verschiedene Apfelsorten heran. Nur wenige wissen, dass der Kulturapfel – das jedem bekannte Kernobst – einst aus Eurasien nach Europa kam und zur Familie der Rosengewächse gehört. Ob deshalb die Blüten der normannischen Äpfel so besonders intensiv duften?

Der Herbst ist nicht minder interessant, wenn die festen, knackigen Äpfel des Pays d'Auge gepflückt werden. Dann wird der reine, süße Saft der Äpfel zu dem moussierenden Apfelwein vergoren.

Die Route du Cidre: Auf den Spuren des Apfels

Die Normandie gehört zu den wenigen Landschaften Frankreichs, die keinen Wein produzieren. Dafür gibt es ein anderes Königsgetränk: den „Cidre“. Die östlich von **Caen** verlaufende Apfelweinstraße ist eine etwa 40 Kilometer lange, gut ausgeschilderte Strecke. Sanft windet sie sich durch die malerischen Landschaften des **Pays d'Auge** mit ebenso malerischen Orten.

Schlösser, Landsitze, Fachwerkhäuser und Apfelhaine prägen die Postkarten-Landschaftsbilder. Die **Route du Cidre** berührt die Betriebe von knapp zwanzig Herstellern von Cidre und Calvados.

Besucher sind hier hoch willkommen. Natürlich können sie die Köstlichkeiten an Ort und Stelle probieren (und kaufen), aber sie können auch viel Wissenswertes über die Herstellung erfahren. Wie entsteht der Cidre, warum hat er einen anderen Geschmack als der herbe Frankfurter „Äppelwoi“? Nun, der Mostapfel aus der Normandie ist anderen botanischen Ursprungs als der Tafelapfel. Die besten Cidres stammen übrigens aus dem lieblichen Tal der **Vallée d' Auge** in der **Region Calvados**, wo die Äpfel eine natürliche Süße erhalten. Der reine Saft wandelt sich vom süßen Fruchtsaft zum **Cidre** und behält den Geschmack der Ursprungsregion. Der Zucker vergärt bei diesem Vorgang zu Alkohol (etwa 3,5 - 5 %) und ist maßgeblich an der Geschmacksvariante beteiligt. Der „cidre bouché“ wird wie ein Schaumwein als Apfelsaft in der Flasche vergoren.

Der **Calvados** wiederum, der berühmte Apfelschnaps, nach einem üppigen Essen als „Digestif", oder auch mit Kaffee („Café Calva") genommen, wird auf der Basis von Cidre gebrannt. Er reift in riesigen alten Eichenfässern. Im Pays d'Auge gibt es noch etliche Privathersteller wie z.B. Pierre Huet, der schon in fünfter Generation Cidre und Calvados auf einem normannischen „Manoir" (Herrensitz) produziert. Er stellt auch den normannischen **Pommeau** her – eine Mischung aus zwei Dritteln Apfelmost und einem Drittel Calvados, die 14 Monate lange im Eichenfass reift und zwischen 16 und 18 % Alkohol enthält. Beim Calvados beträgt dieser Anteil nach der zweiten Destillation 40 Prozent. Calvados kann durchaus 30 Jahre in alten Eichenfässern reifen, wobei sein Geschmack im Laufe der Jahre immer weicher wird. Nach einer zweiten Destillation kann er die Auszeichnung AOC (Appellation d'Origine Contrôlée) bekommen. Die Bezeichnung „vieille réserve" bedeutet, dass er mindestens vier Jahre gereift ist. „Napoléon", „extra d'âge" oder „âge inconnu" stehen für mehr als sechs Jahre Reife.

Calvadosbrennerei Pierre Huet
Manoir de la Brière des Fontaines
14340 Cambremer
Tel: 02 31 63 01 09
Fax: 02 31 63 14 02
infos@calvados-huet.com
www.calvados-huet.com

Ein Gästehaus

Es sind Landstraßen wie aus dem Bilderbuch, welche das Pays d'Auge durchziehen. Steht ein „D" vor der Nummerierung, kann man sicher sein jeden Stress hinter sich zu lassen. So bei der D 613 in der Gegend um Cambremer.

Solches Reisen braucht Ruhe und lädt zum Bleiben ein. An einer Einfahrt lockt ein liebevoll gestaltetes ovales Schild mit einem Fahrrad, das in die Hecke eingewachsen scheint. Unter dem „B & B" fürs international bekannte Bed & Breakfast (Übernachtung mit Frühstück) heißt es hier: „**Diner & Dormir** au charme des pommiers" (Abendessen und Schlafen mit dem Charme der Apfelbäume).

Klingt gut. Ist es auch! Allein die Allee-Zufahrt auf den Gutshof, gesäumt von weißen Zäunen, hinter denen Pferde weiden, ist beeindruckend. Schnurstracks geht der Weg auf das Haupthaus aus dem 18. Jahrhundert mit typisch normannischem Fachwerk zu.

Wer sein Kommen angemeldet hat, wird freundlich von der Besitzerfamilie Lambert empfangen – auch der Hofhund ist mit von der Partie.

Allein ein Blick in das „Esszimmer" mit dem großen alten Kamin macht unmittelbar Lust darauf, hierzubleiben und den Abend zu verbringen, zumal Madame selber kocht und man sofort merkt, dass sie außerdem wertvolle Tipps für die Erkundung der näheren Umgebung geben kann.

Bei der **Familie Lambert**, die mit drei Generationen hier lebt, ist der Gast einfach König oder besser noch: Er fühlt sich hier als vertrautes Familienmitglied aufgenommen. Dabei gilt immer die für die Normandie so typische Diskretion. Man drängt sich nicht auf, ist aber freundlich, wenn man gefragt wird. Der Gast soll schließlich seine Ruhe haben.

In einem Seitenflügel des Haupthauses, ehemaligen Stallungen, sind fünf Zimmer sehr individuell mit alten traditionellen Möbeln eingerichtet, ebenso im Haupthaus.

Auf einem gepflegten Rasen warten zierliche Gartenmöbel auf den Reisenden, der sich hier völlig entspannen kann. Da möchte man sich einfach auf den Rasen legen und die Stille des Ortes, die nur durch das träge Muhen der Kühe aus dem Hintergrund unterbrochen wird, voll und ganz genießen. Das Diner steigert den Genuss noch. Natürlich bilden die frisch gebackenen Crêpes den Mittelpunkt, der Tradition entsprechend mit viel Crème fraîche. Die Tochter des Hauses serviert die Köstlichkeiten aus der eigenen Küche. So muss das Paradies sein!

Chambres d'hôtes
Aux Pommiers de Livaye
M-J. & G. Lambert-Dutrait
14340 Notre-Dame de Livaye
Tel: 02 31 63 01 28
Fax: 02 31 63 01 28
bandb.normandy@wanadoo.fr
www.bandb.normandy.free.fr

Edle Pferde und schwarz gefleckte Kühe

In einem Land, das von Bauernhöfen, Weideland und Pferdekoppeln überzogen ist, müssen Tiere glücklich sein. Die **vaches normandes,** die normannischen Kühe, mit ihrer cremefarbenen und dunkelbrauen Zeichnung spiegeln in ihrer Zufriedenheit das Charakteristikum des **Pays d'Auge**. Ihre Milch ist die Grundlage für die goldgelbe **Butter** und für die Sahne, die dickflüssige **Crème fraîche**, und den köstlichen Käse. Aber auch Schafe, Hühner, Hähne, Kaninchen, Hammel findet man auf den meisten Höfen in friedlicher Koexistenz mit Hunden und Katzen.

Nichts ist typischer als der Anblick wohlgenährter ***schwarz gefleckter Kühe****, die auf satten Weiden und unter Apfelbäumen grasen.*

Die Normandie gilt aber nicht zuletzt als Land der Pferde – kein Wunder bei rund 3.000 Pferdezüchtern in der Region. So liegt in der Nähe von Argentan im Departement Orne auch das „Versailles der Pferde", das **Haras du Pin**, ein berühmtes klassisches Gestüt aus dem 18. Jahrhundert. Das 1715 bis 1730 bei Argentan im Departement Orne erbaute Gestüt, das jetzt auch ein Pferdemuseum und eine Bibliothek beherbergt, ist eines von 23 staatlichen Gestüten Frankreichs. Außer ihm gibt es in der Normandie noch das **Haras de Saint-Lo**.

Bei den Gestüten mit den rassigen Rennpferden holte sich stets auch der Modeschöpfer Hermès Anregungen für seine Kreationen.

70 Zuchthengste werden auf dem Gestüt gehalten, von Februar bis Juli sind sie speziell gefordert.

Um die edlen Vierbeiner dreht sich auch alles bei den **Equi'Days**, die seit 1991 im Calvados stattfinden. Neben Wettbewerben im Springreiten genießt das Publikum spannende Trab- und Galopprennen. Und beim internationalen Filmfestival zum Thema Pferd werden aktuelle Reportagen, Dokumentarfilme, Spielfilme und Werbespots aus der ganzen Welt gezeigt. Auch Auktionen von Vollblütern, Arbeitspferden sowie von Jährlingen stehen auf dem Programm und sorgen während der Veranstaltung sicher für den ein oder anderen Adrenalinschub.

*Auch die reinrassigen normannischen **Reit- und Zuchtpferde** wachsen hier sehr natürlich auf.*

Deauville zählt neben dem amerikanischen Lexington und dem englischen Newmarket zu den Spitzenauktionen von Jährlingen weltweit. Handelserfolge werden dann angemessen im mondänen Restaurant „Le Yearling" gefeiert.

Pferdeliebhaber haben in der Normandie übrigens Gelegenheit, in einem der privaten Gästezimmer, die zu einer Reitanlage gehören, zu übernachten. So befindet sich das im Pays d'Auge gelegene **Haras de Sens** inmitten eines grünen Parks mit knorrigen Apfelbäumen. Wer Interesse hat, mehr über Pferdezucht sowie Pferdetrainings zu erfahren, kann auch an einer Führung teilnehmen.

www.equidays.com, www.haras-nationaux.fr
www.ornetourisme.com, www.calvadostourisme.com

Gaumenfreuden aus dem Land von Milch und Äpfeln

Allein die Aufzählung der Meeresfrüchte und der landwirtschaftlichen Produkte – Jakobsmuscheln, Hummer, Kabeljau und Austern, Rinder, Lämmer, Schweine – und auch der klassischen Spezialitäten Cidre, Crèpes, Calvados, Crème fraîche und Camembert lässt das Wasser im Munde zusammenlaufen.

All diese weithin gerühmten Spezialitäten garantieren unvergessliche Gaumenfreuden vor Ort. Die Küstenregion der Normandie ist nach alter Tradition ein Zentrum der Viehzucht. Auf den Salzwiesen der Küsten grasen Schafe, welche dieses Element in ihr Fleisch aufnehmen und besonders gut schmecken. Der Normanne liebt aber ebenso das Fleisch vom Rind, nicht zuletzt dessen Innereien. Bekanntestes Gericht sind die **Tripes à la mode de Caen** (Kaldaunen aus Caen). Sie haben im Herbst ein besonderes Aroma, wenn sich die Ochsen auf den Weiden von frisch vom Baum gefallenen Äpfeln ernähren. Die Zutaten für das Kaldaunengericht sind in allen Regionen die gleichen: Ochsenmagen und ausgebeinte Kalbs- und Ochsenfüße. Das im Herzen des **Bessin** erstmals gezüchtete **Schwein von Bayeux** ging aus einer Kreuzung des normannischen Schweins und des schwarzen Berkshire-Schweins hervor. Sein erstklassiges, nicht zu fettes Fleisch wird sowohl für seinen aromatischen Geschmack als auch für seine Zartheit gelobt.

Die Vielfalt der Käsesorten ist sprichwörtlich. So gab ein normannisches Dorf dem berühmtesten Käse der Region seinen Namen: **Camembert**. Aber auch die Sorten **Livarot**, **Neufchâtel** und **Pont-L'Évêque** sind nicht zu verachten.

Butter und **Crème fraiche** werden ausgiebig verwendet, um warmen Gerichten einen vollen Geschmack zu verleihen. Die Zutaten der **Caramels d'Isigny** – Vollmilch, Butter und Sahne aus der fruchtbaren normannischen Bocage-Landschaft – werden in einem Kupferkessel zu einer cremig-köstlichen Masse verarbeitet.

Die Normandie produziert so viel Apfelwein wie kein anderes Land auf dieser Welt. Der **Cidre** mit dem geringen Alkoholgehalt ähnelt mehr dem Apfelmost und wird gekühlt aus Tonschalen zu **Crèpes** genossen. Aus Cidre wird auch der bekannte **Calvados** gebrannt. Er wird zum **Trou Normand** („normannischen Loch"), wenn er während eines langen, aus vielen Gängen bestehenden Menüs gereicht wird, um Platz für die folgenden Speisen zu machen. Man trinkt ein kleines Glas Calvados in einem Zug. Wohl bekomm's und „Bon appétit"!

Gärten à la normande: Eine blühende Landpartie

Hier sorgt der Golfstrom für mildes Klima: Märzveilchen blühen schon im Februar. Kamelienbüsche wuchern zwischen Fachwerkhäuschen, Kletterrosen knospen in blühenden Birnbäumen. Buchsbaumhecken, langstielige blaue Agapanthen, Hortensien, Hecken und Rosen in allen Schattierungen: einfach alles üppigst, nicht nur zur Freude der Maler. So bekommen die überraschenden Gartenanlagen mit Muschelgrotten und Statuen à l'Italienne, mit kleinen chinesischen Pavillons und Tempeln, mit romantischen Teichen, Tümpeln und Ruinen und mit den langen, geraden Alleen eine unnachahmliche Atmosphäre. Normannische Gärten werden von einer unvergleichlichen Mélange aus Bauerngärten-Ästhetik und englischer Landschaftskultur geprägt. Was man dabei erlebt: Wie verschwenderisch und schön die Natur sein kann!

Comité régional de tourisme de Normandie
14, rue Charles Corbeau
27000 Evreux
Tel: 02 32 33 79 00
Fax 02 32 31 19 04

Rund hundert normannische Schlösser und Herrenhäuser öffnen ihre Pforten, sobald es zu

blühen beginnt. So kann man sich als Besucher von Garten zu Garten treiben lassen. Prächtige Parks und liebevoll gestaltete kleinere Gärten findet man in der Normandie gleichsam an jeder Ecke.

Von den 109 Parks und Gärten in der Normandie haben sich 39 zum „**Club des parcs et jardins**" zusammengeschlossen, mit strengen Auflagen, was die botanischen, historischen und landschaftsbildnerischen Kriterien betrifft. Sie sind verzeichnet in einer Broschüre, die beim „Comité Régional de Tourisme de Normandie" erhältlich ist – eine Fundgrube für Botaniker wie für „Amateure", was ja „Liebhaber" heißt. Auch Burgen, Schlösser und Herrenhäuser können mit großzügigen Parkanlagen aufwarten, die nicht minder sehenswert sind.

Die Menschen in der Normandie kümmern sich mit viel Liebe um ihre Gärten, hegen und pflegen sie. Anlagen wie jene in Crèvecoeur und Cambremer, wo um ein Bauernhaus aus dem 17. Jahrhundert auf etwa drei Hektar Land mehrere Themengärten und Themenhäuser inszeniert sind, lassen einfach die Zeit vergessen.

Auch in einer kleinen Freilichtkapelle stößt man auf den ***heiligen Michael****, der überall in der Normandie verehrt wird.*

Paradiesgärten bei Combremer

Das milde Klima macht die Normandie zu einem einzigen Garten. Kaum ein Haus, das nicht von Blumenpracht umgeben ist. Selbst größere Anwesen sind hinter üppig blühender Vegetation kaum auszumachen. Kleine Dörfer mit von Hortensien gesäumten Fachwerkhäusern wecken Erinnerungen an prächtige alte Bauerngärten.

Man muss nicht aus dem hohen Norden kommen, um die Normandie mit ihren natürlichen Gärten zu lieben. Dazu reicht schon das unvergleichliche, von impressionistischen Malern gerühmte Licht und der Himmel, der dem Betrachter bisweilen im Minutenwechsel ein anderes Schauspiel bietet.

Bei den Bewohnern eines Landes mit fast parkähnlichem Charakter liegt das Gärtnern in den Genen, das hier – dem Golfstrom sei Dank – enorm begünstigt wird. Die maritime Vergangenheit tut ihr Übriges: Die Seefahrer brachten exotische Pflanzen von den Ufern aller sieben Weltmeere mit nach Hause, auch das Know-How ihrer britischen Nachbarn aus dem Süden Englands. So gibt es an vielen Stellen in der Normandie eine ungewöhnliche Flora.

Im Sommer wetteifert das Gelb blühender Flachsfelder mit den schönsten Blautönen des Meeres und des Himmels, die Hortensien wechseln zwischen Lila, Blassblau und Pink. Das satte Grün der Weiden, auf denen die gefleckten Kühe grasen, bekommt kleine Tupfen. Hinter üppigen Hecken schnauben hochbeinige Rassepferde. Und die schier

nicht enden wollenden Reihen von Apfelbäumen und lichten Laubwäldern scheinen geradezu in den Himmel zu wachsen.

Einfache Bauerngärten und wohlgepflegte Parkanlagen werden dezent durch sich harmonisch einfügende Bauwerke akzentuiert.

Seit einigen Jahren öffnen auch viele Besitzer von Herrenhäusern oder Schlössern die Türen zu ihren ausgedehnten Gartenanlagen. Da stehen reetgedeckte Fachwerkhäuser zwischen den farbigen Blumenbeeten. Solche Gärten findet man vorzugsweise im **Pays d'Auge** wie beispielsweise in **Cambremer** mit den „Pépinières".

Einer erscheint wie die Verlängerung eines Zimmers mit Wasserspielen nach englischem Vorbild, ein anderer hat japanische Akzente, ein weiterer spielt mit aromatischen Düften. Der nächste ist terrassenförmig mit Eiben angelegt, öffnet sich mit Gräsern und Blumenbordüren und endet mit einem kleinen Arboretum und einem Labyrinth aus Büschen. Stunden kann man hier verweilen und nicht aus dem Staunen kommen...

Offener Garten
Les pépinières du Pays d'Auge
Route des Trois Rois
14340 Cambremer
Tel: 02 31 63 01 81
noppe@wanadoo.fr
www.cambremer.com
Geöffnet:
Mai bis Ende September 10 Uhr bis 18.30 Uhr
Ab 1.10. von 10 Uhr bis 17 Uhr
nur wochentags

Caen – die Stadt

Trotz Zerstörung und Wiederaufbau hat ***Caen*** *auch heute noch Lebensart – vielleicht besonders wegen der Studenten.*

Jung, belebt, großzügig, auch heiter: Das ist der erste Eindruck, den jeder Besucher gewinnt, wenn er ins Zentrum von Caen kommt, der 100.000-Einwohner Stadt am Zusammenfluss von **Orne** und **Odon**. Kaum kann und mag man sich vorstellen, dass hier eine der schwersten Schlachten des Zweiten Weltkrieges tobte und die Innenstadt im Juni 1944 fast vollständig in Schutt und Asche lag, als die Verbände der Alliierten mit einem Flächenbombardement die am Orne-Ufer verschanzten deutschen Truppen zurückzudrängen suchten und beide Seiten die Stadt wieder und wieder beschossen.

Auch dieses schreckliche Kapitel gehört zur bewegten Geschichte des städtischen Zentrums der **Basse-Normandie**, das schon im 11. Jahrhundert ganz besondere Züge entwickelte, als der **Normannenherzog** Wilhelm hier residierte, zusammen mit seiner Frau Mathilde. Sie, so die Überlieferung, wurde mit nachhaltiger Liebesleidenschaft aus dem fernen Lille ins nördliche Flachland gebracht. Der Papst monierte zu enge verwandtschaftliche Bindungen und belegte das Paar mit kirchlichem Bann – der gelöst wurde, als Wilhelm und Mathilde die Gründung eines Männer- und eines Frauenklosters, **der Abbaye-aux-Hommes** und der **Abbaye-aux-Dames,** gelobten. So wurde Caen zu einer Stadt der Benediktiner.

Heute bestimmen Studenten das Bild, sie machen mehr als ein Sechstel der Bevölkerung aus und vermitteln jenes Flair der Leichtigkeit, aber auch der gelebten Alltäglichkeit, das sehr anziehend wirkt. Hier ist nichts gestelzt. Pompöses und Auftrumpfendes sind hier Fremdworte. Aber die Bewohner sind sehr wohl stolz auf einen gelungenen Wiederaufbau nach den Kriegszerstörungen, ebenso auf die Schönheit bedeutender Plätze und Gebäude. So die mit Parkelementen gestaltete **Place de la République** mit Gebäuden im Stil Ludwigs XIII., die **Place St-Sauveur** mit ihren eleganten Häusern aus dem 18. Jahrhundert, die **Eglise St-Pierre** mit ihrem imponierenden, 71 Meter hohen Glockenturm (wiederaufgebaut nach den Kriegszerstörungen), dann die **Place St-Martin** oder die von Fachwerkhäusern geprägte **Rue du Vaugueux**.

Sehenswert sind auch die Hafenanlagen, welche – wie beim **Bassin St-Pierre** – sehr urban zum inneren Stadtgefüge gehören. Alles in allem: Es gibt viel zu entdecken in dieser Stadt, die nicht vom Spektakulären lebt, sondern vom schönen Alltag.

Die Abbaye-aux-Hommes

Abbaye-aux-Hommes
Hôtel de Ville
Esplanade Jean-Marie Louvel
14027 Caen
Tel: 02 31 30 42 81,
Fax 02 31 86 02 38
www.ville-caen.fr

Man glaubt auf den ersten Blick, es hier mit zwei ganz verschiedenen Gebäuden zu tun zu haben. Dort die Klosterkirche **Eglise St-Etienne**, ein überaus großer und dominanter romanischer Kirchenbau, der 1066 begonnen und elf Jahre später geweiht wurde. Und gleich daneben die ehemaligen Klostergebäude mit ihren Arkaden und der klassizistischen Eleganz des 18. Jahrhunderts, in denen seit den 60er Jahren des vergangenen Jahrhunderts das Rathaus der Stadt Caen untergebracht ist. Bei einer Besichtigung erschließt sich allerdings der Zusammenhang der Gebäude, erkennt man, dass es doch bei dem, was gemeinsam als **Abbaye-aux-Hommes**, also als Männerkloster, gedient hat, genügend Verbindungselemente gab.

Die früheren Klostergebäude betritt man heute durch den Rathauseingang. Sofort ist man umfangen von Großzügigkeit, Helligkeit, Klarheit. Zur Rechten und zur Linken findet man schöne Säle in wohltuenden Proportionen, die heute repräsentativen Veranstaltungen den würdigen Rahmen verleihen. Eine Besonderheit sind die Eichenholztäfelungen im Kapitelsaal, der mit Gemälden aus dem 17. bis 19. Jahrhundert geschmückt ist. Hier befindet sich der Zugang zur Sakristei. Von großer Eleganz ist die geschwungene Treppe mit einem kunstvoll gearbeiteten Geländer aus Schmiedeeisen. Von dort gelangt man in den **Kreuzgang**, der ebenfalls einen sehr klaren, weiten Blick eröffnet: zum einen auf die streng gegliederten klassizistischen Fassaden des Klostergebäudes, zum anderen auf die beiden erhabenen Türme der **Eglise St-Etienne**.

Ungewöhnlich wiederum für ein Kloster: die Rokoko-Tür, welche ins Parlatorium führt, einen Versammlungssaal mit ovalem Grundriss und einem elliptischem Deckengewölbe, geschmückt mit sehr dekorativen Holztüren im Stil Louis XV. Selbst das **Refektorium**, der ehemalige Speisesaal der Mönche, kann mit einer wunderbaren Vertäfelung aus Eichenholz prunken.

Wie stark der Sinn der Erbauer auf Eleganz und Repräsentatives gerichtet war, zeigt auch der Gardesaal, in dem heute der Stadtrat tagt. Hier prägt eine gotische Einrichtung den Charakter. Alles in allem: ein Ensemble mit großem Stil, so dass man leicht versteht, warum das vornehme Gymnasium, das die Klosterfunktionen beerbte, den Namen trug: Lycée Impérial.

Die Abbaye-aux-Dames

Das Pendant zum Männerkloster, die **Abbaye-aux-Dames**, bietet eine ähnliche Verbindung wie die **Abbaye-aux-Hommes:** eine in purer Romanik errichtete Abteikirche – die **Eglise de la Trinité** – und ein Klostergebäude, das vom strengen klassizistischen Stil des 18. Jahrhunderts geprägt ist. Die nachklösterlichen Bestimmungen waren Kaserne und Hospital. Jetzt beherbergt der Gebäudekomplex, dessen Großzügkeit und Repräsentationskraft beeindrucken: den **Conseil Régional**, die Bezirksregierung als indirekte Erbin der herzoglichen Macht, die einmal am Ursprung der Klostergründung stand.

Abbaye-aux-Dames
Conseil Régional de Basse-Normandie
Place Reine Mathilde
14035 Caen
Tel: 02 31 06 98 41
Fax 02 31 95 12 81
www.region-basse-normandie.fr.

In bestechender Form lässt sich an der Ausführung der Abteikirche und der ehemaligen Klosteranlage ablesen, dass dies ein Hort der Aristokratie war. Denn tatsächlich wurden hier die Mädchen aus Adelshäusern erzogen – eine Klosterschule für höhere Töchter also. Auch Cécile, die Tochter von **Wilhelm dem Eroberer** und **Mathilde** – die

das Kloster gegründet hatten – erfuhr hier ihre Erziehung und wurde sogar Äbtissin, geschmückt mit dem Titel „Madame de Caen“. Diesen Ehrentitel trugen alle ihre Nachfolgerinnen. Das Ende dieser Tradition kam mit der Französischen Revolution, die alle Adelsprivilegien mit einem Schlag beendete und die Kirchengüter dem Staat übereignete.

Die Abteikirche zeichnet sich aus durch ihre Weitläufigkeit, auch durch besondere Akzente wie den in Mäanderlinien verlaufenden Fries an den Rundbogenarkaden. Der Rundgang offenbart immer neue Kostbarkeiten: so auch die als Kapitelsaal genutzte Kapelle des rechten Querhauses, die im 13. Jahrhundert entstanden ist. Sie ersetzte damals die zwei romanischen Kapellen – im linken Querhaus sind die Kapellen aus der früheren Epoche noch erhalten. Bemerkenswert ist auch der Gurtbogen, der die zweigeschossige Apsis – sie wurde angebaut – vom Nonnenchor trennt. Ein weiterer Höhepunkt: die fünfschiffige Krypta, deren Kreuzgratgewölbe auf 16 Säulen ruht, die ungewöhnlich eng gruppiert sind. Wie eng Männer- und Frauenkloster aufeinander bezogen waren, zeigt sich auch im Kreuzgang des Klostergebäudes: Er nimmt die Elemente der Abbaye-aux-Hommes auf. Die dortige Großzügigkeit und Eleganz findet sich auch in der großen Eingangshalle, die den Zugang zur Abteikirche ermöglicht. Vor allem die geschwungene doppelläufige Treppe zeugt von raffiniertem Raum- und Formgefühl. In Caen gilt: Noblesse oblige – Adel verpflichtet – noch heute.

D-Day – Der längste Tag der normannischen Geschichte

D-Day oder Tag X: In der Normandie steht das für den 6. Juni 1944, jenen Tag also, an dem die Landung der alliierten Truppen in der Normandie, die „Operation Overlord“ , begann. Die Deutschen hatten während des Zweiten Weltkriegs entlang der Atlantikküste den so genannten Atlantikwall, ein System von Verteidigungsanlagen, errichtet. Sie rechneten – auch wegen der alliierten Täuschungsoperation Fortitude – mit einer alliierten Invasion bei Pas-de-Calais. Ziel der Alliierten-Operation war es, die deutschen Besatzungstruppen aus Nordfrankreich zurückzudrängen. Dabei sollten größere Städte wie Caen, Bayeux, Saint-Lô und Cherbourg kontrolliert werden. An den Landungen nahmen Soldaten aus Großbritannien, den USA, Polen, Frankreich, Neuseeland, Kanada und vielen anderen Nationen teil. Für die Überfahrt, die Landungen und die Nachschubversorgung im Seekrieg wurde eine große Armada an Schiffen während der „Operation Overlord“ bereitgestellt, auch eine immense Anzahl von Flugzeugen.

Nach der Landung an den Normandiestränden versuchten die Alliierten, ihren Brückenkopf auszubauen. Das Gebiet der **Bocage** behinderte die Invasion im Westen. Die deutschen Truppen konzentrierten sich im Osten auf das Gebiet um Caen. Der amerikanischen „Operation Cobra" gelang es, die westlichen deutschen Stellungen zu durchbrechen. Die Amerikaner rückten danach mit einem Teil ihrer Streitkräfte in die Bretagne vor, während sie mit dem anderen Teil in Richtung Caen marschierten und gemeinsam mit den Kanadiern und Briten die mittlerweile nach Süden zurückgedrängten deutschen Truppen im Kessel von Falaise einschlossen und mehrere deutsche Armeen vernichteten. Die Operation dauerte bis zum 25. August an. Dann rückten die Alliierten bis nach Paris vor, das ihnen ein Tag später kampflos übergeben wurde, um die Stadt zu erhalten. Die **Stadt Bayeux** liegt nur zehn Minuten von der Küste entfernt, mitten im Bereich der alliierten Landungsstrände. Aufgrund der geographischen Lage war Bayeux daher die erste Stadt Frankreichs, die von den Alliierten befreit wurde. Mit Omaha, Gold, und Juno befinden sich die bekanntesten Landungsstrände im Gebiet des so genannten Bessins. Um das Gedenken an den „Längsten Tag" der normannischen Geschichte mit den grauenhaften Kämpfen wachzuhalten, wurden in der Nachkriegszeit mehrere Friedhöfe, Gedenkstätten und Museen auf dem ehemaligen Operationsgebiet errichtet. Herausragendes Beispiel ist das **Mémorial** in Caen. Der D-Day ist außerdem Gegenstand etlicher Filme und Bücher.

Mémorial de Caen
Esplanade Général Eisenhower
14050 Caen
Tel: 02 31 06 06 45
Fax: 02 31 06 01 66
resa@memorial-caen.fr.
www.memorial-caen.fr

Im Museum wird die Geschichte des Zweiten Weltkriegs aus verschiedenen Perspektiven beleuchtet. Das Museum ist pazifistisch orientiert.

Wilhelm der Eroberer

Tausendsechundsechzig: Schlacht von Hastings. Das musste man früher im Geschichtsunterricht herunterbeten ebenso wie den Namen „Wilhelm der Eroberer". 1066 – in diesem Jahr eben wurde der Normanne König von England, nachdem er den englischen König Harald II. bei der Schlacht von Hastings besiegt hatte.

Zuvor trug Wilhelm allerdings als illegitimer Sohn von **Robert I.** und dessen Geliebter Herleva nicht den Namen „Der Eroberer", sondern „Wilhelm, der Bastard". Nachdem sein Vater 1036 auf der Rückreise von Jerusalem gestorben war, wurde der Achtjährige bereits Herzog der Normandie.

Er war so kriegerisch wie religiös erzogen worden und galt als unbeugsam. Das hatte Intrigen und Komplotte gegen ihn zur Folge. Doch ignorierte er diese konsequent und als Herzog, gerade mal 20 Jahre alt, erhielt er die Unterstützung des französischen Königs Heinrich I.

Wilhelm war sehr aktiv, baute Burgen und Städte und machte Caen zur zweiten Hauptstadt seines Herzogtums. Durch seine Liebe zu **Mathilde**, einer Tochter Balduins von Flandern, konnte er seine Macht stärken.

Daten
Wilhelm I., der Eroberer (1027-1087), geboren in der Normandie in Falaise, wurde nach der Schlacht von Hastings 1066 erster normannischer König von England und starb in Rouen.

Sein Reich galt als friedlich und gut organisiert, als ihn sein Vetter, der englische **König Eduard der Bekenner**, zu seinem Nachfolger ernannte. Dies machte ihm **Harold Godwinson** streitig und bestieg statt seiner den Thron. Wilhelm wandte sich wegen dieser Ungerechtigkeit an den Papst und drängte auf

Exkommunizierung des Rivalen.

So stachen unter der Flagge des Papstes die größten Schiffe mit 1200 Rittern am 12. September 1066 in See. Die Normannen besetzten Hastings. Der zu Hilfe eilende Harald fiel am 14. Oktober 1066 in der Schlacht von Hastings. Die blutige Entscheidungsschlacht wurde übrigens detailreich im berühmten **Teppich von Bayeux** festgehalten.

Schon im Dezember wurde Wilhelm in Westiminster Abbey zum König gekrönt und brachte in kürzester Zeit nicht nur Ordnung in den korrupten englischen Adel, sondern erklärte auch Französisch zur Hofsprache.

Als **Herzog der Normandie** und **König von England** konnte er außerdem den Papst für sich einnehmen. Unter seiner Herrschaft erhielt die normannische Kunst einen starken Einfluss in England, etliche Abteien und auch Kathedralen wurden in England gebaut, so in Canterbury, Winchester und Durham. Nach 51-jähriger Herrschaft in der Normandie und 21-jähriger Herrschaft als König von England hinterließ Wilhelm ein wohlgeordnetes und friedliches Reich. 1087 starb er in Rouen. Sein Grab, so sein ausdrücklicher Wunsch, sollte St.Etienne in Caen sein.

Bis ins 13. Jahrhundert herrschten mehrere normannische Könige. Die Grande-Bretagne – Great Britain – verdankt ihren Namen also angelsächsischen und normannisch-romanischen Wurzeln.

*Die Widerstandskämpferin gegen die Engländer, **Jeanne d'Arc**, fasziniert die Franzosen noch heute. Hingerichtet wurde sie in Rouen.*

Jeanne d'Arc, die Jungfrau von Orléans

Die Gestalt der Jeanne d'Arc hat Schriftsteller, Maler und Musiker über die Jahrhunderte immer wieder fasziniert: gleich ob William Shakespeare in „Heinrich VI.", Friedrich Schiller in seinem Drama „Die Jungfrau von Orleans" oder George Bernard Shaw in „Die heilige Johanna". Jean Anouilh stellt in „Jeanne oder Die Lerche" Johanna als das Mädchen aus dem Volk dar, dessen Begeisterung die Mächtigen zum nationalen Widerstand zwingt, Bertolt Brecht überträgt in seinem Drama „Die heilige Johanna der Schlachthöfe" Jeannes Schicksal in die politische Gegenwart. Dort erscheint sie als Aktivistin der Heilsarmee, die lernen muss, dass religiös motiviertes Mitleid allein nicht genügt, um das Los der Arbeiter zum Besseren zu wenden.

Die reale Jeanne d'Arc wurde 1412 in Domrémy in Lothringen geboren und starb am 30. Mai 1431 in Rouen. Während des Hundertjährigen Krieges hatte sie die Franzosen gegen die Engländer geführt. Durch Verrat jedoch war sie von den Burgundern gefangen genommen und an die mit ihnen verbündeten Engländer ausgeliefert worden.

In einem Kirchenprozess unter Vorsitz des Bischofs von Beauvais, Pierre Cauchon, der den Engländern nahestand, sollte sie diskreditiert werden. So wurde sie wegen einiger Verstöße gegen die Gesetze der Kirche verurteilt und auf Befehl des englischen Königs auf dem Marktplatz in Rouen öffentlich auf dem Scheiterhaufen verbrannt.

24 Jahre später strengte der Vatikan einen Revisionsprozess an und hob im Jahre 1456 das Urteil auf.

Danach wurde Johanna zur Märtyrerin erklärt. Im 19. Jahrhundert verklärte man die Gestalt des heldenhaften Bauernmädchens zum Nationalmythos der Franzosen. Damit bot sie zusätzlich Stoff für Romane und Theaterstücke, die in die Weltliteratur eingingen. 1920 wurde sie schließlich von Papst Benedikt XV. heilig gesprochen – ein Status, der für die katholische wie für die anglikanische Kirche gilt. Die heilige Johanna wurde dann zur Schutzpatronin von Frankreich, Rouen und Orléans. Sie wird von vielen Menschen immer noch als französische Nationalheldin verehrt. Der 30. Mai, ihr Todestag. wurde zum Gedenktag erklärt.

An ihrer Hinrichtungsstätte in Rouen steht heute ein Denkmal, außerdem eine 1979 geweihte, nach ihr benannte moderne Kirche. Auch viele Historiengemälde verklärten sie, so von Dominique Ingres, Paul Delaroche oder Jules Eugène Lenepveu, der ihr im Pantheon einen ganzen Zyklus von Wandgemälden widmete. Dass sie zum Mythos wurde, hat auch damit zu tun, dass sich verschiedenste Gruppierungen mit ihr identifizieren können. So betonen die Katholiken ihre tiefe Frömmigkeit und ziehen Parallelen zur Jungfrau Maria. Die antiklerikalen liberalen Republikaner verweisen auf ihre einfache Herkunft und ihren Mut gegenüber der Obrigkeit.

„Les Larmes de Jeanne d'Arc", Jeanne d'Arcs Tränen, werden ihr nachträglich in Rouen versüßt bei *Auzou Chocolatier* 163, Rue du Gros Horloge.

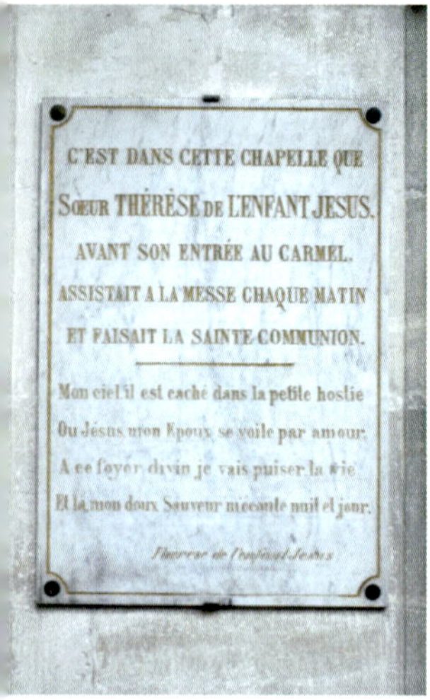

Die Lebensgeschichte der Thérèse von Lisieux wurde unter dem Titel **Geschichte einer Seele** *(L'histoire d'une âme)* zwei Jahre nach ihrem Tod veröffentlicht.

Die heilige Thérèse von Lisieux

Thérèse Martin wurde 1873 in Alençon geboren und starb 24-jährig als Karmeliterin in Lisieux. Dort wurde sie 1925 heilig gesprochen, dort bildete sich bald ein großer Kult um die Heilige. Auch heute noch wird Lisieux das ganze Jahr von etlichen Pilgergruppen besucht. Die Anziehungskraft, die von der kleinen Thérèse und ihrer Botschaft bis zum heutigen Tag ausgeht, erreicht die Herzen der Menschen und macht die Heilige zum Liebling vieler Gottsuchender.

Was ist das Geheimnis ihrer Popularität? Was ist ihre Botschaft? Dies alles konzentriert sich in ihren Aufzeichnungen über den Weg der geistigen Kindschaft und der Barmherzigkeit Gottes, die sinnfällige Gotteswege für die Menschen der heutigen Zeit sind. Im Gegensatz zum strengen Gottesbild ihrer Zeit sah Thérèse ihren Lebensweg als einen Weg der Hingabe an Gott und die Mitmenschen, die sich gerade in den kleinen Gesten des Alltags äußerte – ihr so genannter „kleiner Weg" der Liebe. Ihr eigenes Leben war die unauffällige, von der Welt kaum bemerkte Existenz einer in strenger Klausur lebenden Ordensfrau.

Thérèses Entwicklung ist ganz sicherlich aus dem familiären Hintergrund zu verstehen, in dem sie aufwuchs. Die Herkunft der Familie Martin war sowohl bäuerlich als auch militärisch. Sie kam aus

der Normandie sowie aus der Mayenne, wo das Leben noch in festen Traditionen verankert war. Der Vater **Louis Martin** war militärisch erzogen worden, dachte aber ernsthaft an ein Leben im Kloster. Diesen Wunsch konnte er jedoch nicht verwirklichen und wendete sich der Uhrmacherei zu. Auch die Mutter, **Zélie Guérin**, versuchte, bei den Ordensfrauen vom „Hause Gottes Barmherziger Schwestern" einzutreten, doch ohne Erfolg. Stattdessen erlernte sie die Kunst des Klöppelns von Alençon-Spitzen und bewies bei dieser Präzisionsarbeit viel Geschick. 1858 heirateten die beiden und bekamen neun Kinder. Da die Kindersterblichkeit groß war, starben vier von ihnen.

Die kleine Thérèse kam am 2. Januar 1873 in Alençon als letztgeborenes Kind der Familie Martin zur Welt. Ein Jahr lang wurde sie zu einer Amme gegeben. Von viel Liebe umgeben, entwickelte sie sich zu einem lebhaften und lebensfrohen Kind. Sie wuchs in einem christlichen Haus heran, in dem das Gebet, die Liturgie und die konkrete Nächstenliebe im Vordergrund standen. In diesem harmonischen Umfeld wurde die Mutter 1877 durch Brustkrebs aus dem Leben gerissen. So zog das Mädchen mit 4 Jahren ins Karmeliterinnen-Kloster von Lisieux, wo sie bis zu ihrem frühen Tod in Frömmigkeit lebte. 100 Jahre nach ihrem Tod wurde sie zur Kirchenlehrerin ernannt. 2008 wurden ihre Eltern in Lisieux seliggesprochen.

Lisieux
Domverwaltung
Sainte Thérèse
31, rue du Carmel
14102 Lisieux
Tel: 02 31 48 55 08
Fax: 02 31 48 55 26
www.therese-de-lisieux.com
Karmeliterkloster Le Carmel
37, rue du Carmel
In der Kapelle des Klosters ist der Reliquienschrein der hl. Therese untergebracht.
www.ville-lisieux.fr

Die alte Handelsstadt Rouen

Fährt man vom Autobahnring aus durch die zeitgenössischen Vororte von Rouen, so wird einem bewusst, dass die Zerstörungen des Zweiten Weltkriegs auch Spuren im schnellen Wiederaufbau hinterlassen haben. Wenn man dann eine der fünf Seine-Brücken überquert hat und in den historischen Stadtkern vordringt, wird es spannend. Hier liegen historische Schichten über- und nebeneinander. Wann die Stadt gegründet wurde, lässt sich nicht genau sagen. Jedenfalls hat man schon 11.000 Jahre alte Siedlungsspuren hier an der Seine gefunden. Die Römer gründeten die später so wichtige Seefahrer- und Handelsstadt Frankreichs am niedrigsten Punkt, da nämlich, wo die **Seine** überbrückt werden konnte, ähnlich wie in Paris. Und da die Seine zu den wichtigsten Verkehrsadern Frankreichs

Office de Tourisme de Rouen-Normandie
25, place de la Cathédrale
76008 Rouen
Tel: 02 32 08 32 40
www.rouentourisme.com
Restaurant am Dom
Le Rouennais
5, rue de la pie
76000 Roue
Tel: 02 35 07 55 44

zählt, entwickelte sich Rouen dank Seehandel und Industrialisierung zu einer reichen Stadt. Dabei spielte der Hafen für die Verbreitung von Waren wie Baumwolle und Keramik eine wichtige Rolle. Bis zur Gründung von **Le Havre** war Rouen *der* Hafen, der die Verbindung zwischen Paris und Nordeuropa herstellte. Heute sind es vor allem die vielen Studenten, die die Stadt beleben. Beschwingt flaniert es sich an den prächtigen Gotik- oder auch Renaissancebauten vorbei, am **Justizpalast** aus dem 16. Jahrhundert oder am prächtigen Stadtpalais (heute: **Office de Tourisme**) gleich gegenüber der Kathedrale. Rouen ist ein uralter Ort des Handels: zunächst keltische Handelsstation, später Sitz einer römischen Garnison. Unter den Wikingern wurde die Stadt 911 Hauptstadt der Normandie. Trotz der Zerstörungen durch den Krieg ist Rouen reich an Sehenswürdigkeiten, die man im Umfeld der höchsten Kathedrale Frankreichs, der **Kathedrale Notre Dame**, leicht zu Fuß erreichen kann. Hier drängen sich zahlreiche der schönen schmalen normannischen Fachwerkhäuser aneinander. Die lebendige Straße der **Gros Horloge** von 1389 mit der berühmten Großen Uhr am wunderschönen Torbogen der Stadt war wegen ihrer strategisch günstigen Lage im Mittelalter eine der wichtigsten Straßen Rouens. Neben dem alten Marktplatz, dem **Place du Vieux-Marché**, erinnert die zeitgenössische **Kirche Sainte-Jeanne** daran, dass die Freiheitskämpferin **Jeanne d'Arc** hier 1431 auf dem Schafott landete. Das alte Beinhaus, **l'Aître Saint-Maclou**, stimmt nachdenklich, ein wahres *Memento mori*.

Rouen – die Kathedrale, Flaubert und Monet

Um die **Kathedrale Notre Dame** zu besichtigen, sollte man mit der Zeit nicht geizig sein. Denn diese Kirche ist ein Wunderwerk der nordfranzösischen Gotik, an jeder Stelle reich an Schmuck und Symbolik. Mit dem Bau der Kathedrale wurde im 12. Jahrhundert begonnen, vervollkommnet wurde sie im 16. Jahrhundert, im 19. Jahrundert erhielt sie schließlich einen eisernen Turm auf der Vierung. Im Zweiten Weltkrieg wurde sie stark zerstört, ein Grund, weshalb die Renovierungsarbeiten immer noch andauern. Schon die Außengestaltung ist wegen der zahlreichen Skulpturen höchst abwechslungsreich. Mehrfach malte der Impressionist **Claude Monet** die Fassade in den verschiedensten Farbschattierungen. Jetzt werden diese Bilder im Sommer auf die Fassade projiziert und wirkungsvoll in Szene gesetzt. Ein spektakuläres Ereignis!

Die drei Eingangsportale werden von zwei mächtigen Türmen flankiert, links vom frühgotischen **Turm St-Romain** und rechts vom **Tour de Beurre,** dem Butterturm. Diese Bezeichnung hatte er im 17. Jahrhundert erhalten, weil er aus Geldern von Gläubigen finanziert wurde, die dafür die Erlaubnis bekamen, in der Fastenzeit Milch und Butter zu verzehren. Geldmangel war auch der Grund dafür, dass dieser Turm keinen Helm bekam, sondern stattdessen nur eine achteckige Krone. Dagegen ist der Vierungsturm der Südfassade im 16. Jahrhundert mit einem gusseisernen Helm auf 151 Meter aufgestockt worden.

Von der Nordfassade aus, die im Osten einen Flügel des Kreuzgangs begrenzt, sieht man von der **Cour d'Albane** aus das Obergeschoss des Buchhändler-Querhauses. Der „Hof der Buchhändler“, die **Cour des Libraires**, wurde 1482 kunstvoll eingefriedet. Über dem Portal befindet sich eine ziselierte Fensterrose, auf dem Tympanon das „Jüngste Gericht“. Das Hauptportal aus dem frühen 16. Jahrhundert wurde von Roland Leroux mit zwei

Die Kathedrale Notre Dame
ist von April bis Okt. von 8 - 12 Uhr und von 14 - 18 Uhr geöffnet, von November bis März Mo 14 - 18 Uhr, Di - Sa 7.45 -12 Uhr und 14 - 18 Uhr, So 8 - 18 Uhr www.cathedrale-rouen.net

mächtigen Strebepfeilern flankiert und die Seiten mit Statuen der Propheten und Apostel geschmückt, während das Tympanon die Wurzel Jesse zeigt. Besonderheit dieses Portals: die darüber liegende Galerie – so fein ziseliert wie ein Spitzenwerk.

Umfangen werden die beiden Seitenportale **Saint-Jean** und **St-Etienne** von einem Rundbogen. Zur Linken liegt das **Portal Saint-Jean** mit der in Stein gemeißelten „Steinigung des hl. Stephanus" und zur Rechten das Portal St-Etienne aus dem 12. Jahrhundert mit szenischen Darstellungen vom Martyrium Johannes des Täufers, vom Festmahl des Herodes und Salomes Tanz. Darüber thront der richtende Christus. Der Salometanz inspirierte übrigens den im 19. Jahrhundert in Rouen lebenden Schriftsteller **Gustave Flaubert** zu einer Geschichte, ebenso wie der Innenraum der Kathedrale, den er zum Schlüsselerlebnis in seinem berühmten Roman „Madame Bovary" machte, wo der religiöse Ort zum Ausgangspunkt sinnlicher Leidenschaft wird.

Die Wirkung beim Eintritt in die Kathedrale ist vom Baumeister wohl kalkuliert worden. Durch ihre himmelwärtsstrebenden Pfeiler soll sich der Mensch bescheiden und den Blick nach oben zu Gott richten.

Das frühgotische Mittelschiff mit den weiten Arkaden hat elf Joche, hohe Seitenschiffe und „Schein"-Emporen. Die Querhäuser auf den Rückseiten der beiden seitlichen Portale tragen wunderschöne Verzierungen aus dem 14. Jahrhundert mit Statuen unter Baldachinen zwischen den Giebeln. Bemerkenswert sind auch die bunten Glasfenster aus dem

14. Jahrhundert mit der Darstellung des Pfingstwunders und der Legende des hl. Romanus. Die Glasmalerei im inneren Chorrundgang der Kirche wurde im 13. Jahrhundert von den Fischhändlern aus Rouen gestiftet, was Gustave Flaubert zu der Erzählung „Die Legende von Julian dem Gastfreien“ anregte.

Während der Chor und das Langschiff zu Beginn des 13. Jahrhunderts fertig waren, entstanden nach 1270 Seitenkapellen wie die **Marienkapelle**, die verlängerte Achse des Chores. Die darin befindlichen Grablegen sowie die Statuen der kniendenden Kardinäle von Rouen und der normannischen Gouverneure sind prächtiger und schmuckvoller gestaltet als die frühen strengeren Grabstätten im Chorhaus des rechten Querhauses wie beispielsweise die Liegefiguren von **Richard Löwenherz** und Wikingerfürst **Rollo**.

In der darunter liegenden ringförmigen Krypta aus dem 11. Jahrhundert wurde bei Ausgrabungen das **Herz Karls V.** gefunden. Es wird nun in einem Schrein aufbewahrt: in Notre Dame.

Fayencen aus Rouen

Der französische Begriff **Fayence** ist von der italienischen Stadt Faenza abgeleitet. Er wird verwendet für ein keramisches Objekt aus Ton, dessen poröser roter oder ockerfarbener Scherben mit einer farbigen oder weißdeckenden Zinnglasur überzogen ist. Die Stücke werden nach dem Modellieren getrocknet, bei etwa 1100 Grad gebrannt und nach dem Erkalten in ein Glasurbad aus Sand, Pottasche, Blei, Zinn und Wasser getaucht.

Dieses Gemisch bleibt nach dem Trocknen als meist weißer Untergrund auf der Oberfläche der Scherben haften und wird bei 900 Grad gebrannt. Bemalt wird entweder noch vor dem Glasurbrand mit Scharffeuerfarben – das sind Farben, die hohen Temperaturen standhalten, aber auf Blau, Mangan, Gelb, Grün, Rot, Braun und Schwarz beschränkt sind – oder nachträglich mit so genannten Muffelfarben (Metalloxide vermischt mit feingepulvertem, stark blei- und borsäurehaltigem Glas). Sie müssen in einem dritten Brand bei 600 bis 800 Grad haltbar gemacht werden.

Im 16. und 17. Jahrhundert verwendeten schweizerische, französische und niederländische Werkstätten diese italienische Technik. Dann entstanden Zentren in Frankreich, u. a. in **Nevers**, **Rouen**, **Moustiers-Sainte-Marie** und **Marseille**, auch in Lothringen. In Holland wurde **Delft** ein berühmtes Zentrum für Fayencen.

Sie galten als vergleichbar edel, aber sehr viel praktischer und günstiger als die Keramiken aus Porzellan, die aus China importiert wurden und in Europa erst ab dem 18. Jahrhundert hergestellt werden konnten.

Das blaue Muster auf weißem Grund (oder umgekehrt) wurde zum Markenzeichen dieser Tonwaren. Doch mit steigender Nachfrage und den verschiedenen Moden veränderte sich auch das Dekor, es wurde kunstvoller und farbenprächtiger.

Ab dem 18. Jahrhundert bekamen die normannischen Fayence-Manufakturen dann durch preiswertere Importe aus England Konkurrenz. Sie konnten nicht mehr mithalten, so dass sie nach und nach aufgeben mussten. Heute findet man die ursprünglichen alten Stücke fast nur noch als Antiquität oder im Museum. Doch gibt es in Rouens quirligem nördlichen Domviertel – vor allem in der rue Saint-Romain – noch kleine Fayence-Manufakturen, die auch nach Vorgaben hochwertige Fayencen herstellen: Teller, Krüge, Schalen und nicht zuletzt geschmackvolle Heiligenfiguren.

Musée de la Céramique de Rouen
1, rue Faucon
im alten Hôtel d'Hocqueville
76000 Rouen
Tel: 02 35 07 31 74
Öffnungszeiten :
Täglich von 10 bis 13 Uhr und von 14 bis 18 Uhr außer am Dienstag

Faïencerie Augy
26, rue Saint-Romain
76000 Rouen
Tel: 02 35 88 77 47
contact@fayencerie-augycom

Faïence St-Romain
56, rue St-Romain

Literatur zur Vertiefung
Lesetipps

Im Berufsleben sind Lebensenergie und seelisches Wohlbefinden zu Luxusgütern geworden. Ob Pilgern auf dem Jakobsweg, zum heiligen Michael auf den Mont Saint-Michel, ob Rückzugswochenenden im Kloster oder Kontemplation vor in Stein gemeißelten biblischen Geschichten – die Rückbesinnung gewinnt wieder an Bedeutung. Hier einige Bücher zum Thema.

Mont Saint-Michel

Claude Quétel, **Der Mont Saint-Michel**

Bildband Theiss Verlag, ISBN 978-3-8062-1964-7, € 29,80

Ein Bildband, der nicht nur viele historische Abbildungen, eine Zeittafel sowie Querschnittszeichnungen der Insel enthält, sondern auch erstklassische Fotografien des Architekturfotografen Jean Bernard. Der Normanne Claude Quétel, der an der Universität Caen das Forschungszentrum leitet und sich viele Jahre mit der Vergangenheit des Mont Saint-Michel befasst hat, stellt die einzelnen Gebäude in ihrer historischen Entwicklung vor. Er weiß, wovon er spricht.

Normandie

Régis Faucon, Yves Lescroart, Ingeborg Schmutte, **Herrenhäuser in der Normandie.** Bildband Könemann, ISBN 978-3-7022-2738-8, € 19,90

Eines schöner als das andere. Mal klein, mal groß, mal bescheiden oder repräsentativ. Hunderte von herrschaftlichen Wohnsitzen sind über die Normandie verteilt, ob Landhaus oder Residenz. Vor allem das ländlich-liebliche Pays d´Auge birgt wahre architektonische Schätze, die man am Wegesrand entdecken kann: Die aus Stein gemauerten Fachwerkbauten, die „Manoirs“, wie sie auf Französisch heißen, sind oft genug von herrlichen Gärten umgeben. Manche lassen sich auch besichtigen wie der einstige Bischofssitz „Les Evèques“. Dieser Band stellt mehr als achtzig von ihnen vor, bekanntere, aber auch entlegenere.

Die Heiligen

Walter Nigg, **Große Heilige**

Von Jeanne d'Arc bis Therese von Lisieux, Diogenes, ISBN 978-3-257-06526-8, € 26,90

Der reformierte Theologe und Schriftsteller Walter Nigg schildert in seinem vielgerühmten Werk das Leben und Wirken von elf Heiligen. Dabei zeigt er auf, wie sie auch mit dunklen Mächten in sich zu kämpfen hatten und keineswegs immer Sieger bleiben: Franz von Assisi, Jeanne d'Arc, Niklaus von Flüe, Theresia von Avila, Therese von Lisieux und andere. Der Theologe macht klar, dass wir Heilige als Leitfiguren christlicher Existenz brauchen. Dabei lässt er die großen Gestalten der Christenheit lebendig werden, ohne zu moralisieren. Er tut es mit psychologischer Sensibilität, spirituellem Tiefgang und in einer sehr plastischen, lebendigen Sprache. Die Begeisterungsfähigkeit des protestantischen Autors überträgt sich auf Leser aller Konfessionen.

Zum Nachschlagen

Keller, Hiltgart L. Wolf, Norbert, **Lexikon der Heiligen und biblischen Gestalten. Legende und Darstellung in der bildenden Kunst**

Reclam, ISBN 978-3-15-010570-2, € 23,90

Heilige und biblische Gestalten: Sie sind in Kirchen und Kapellen zu finden, ebenso in der Malerei seit Beginn des Christentums. Doch viele der dargestellten Geschichten werden nicht mehr verstanden.
Kellers gut strukturiertes Kompendium gibt qualifiziert zu Heiligen und biblischen Personen Auskunft. Das Lexikon, das Legende und Darstellung in der Kunst aufschlüsselt, gehört zu den unentbehrlichen Nachschlagewerken. Für die Neuauflage wurde die Bibliographie vollständig überarbeitet und aktualisiert. Sie enthält Literaturhinweise zum gesamten Themenkomplex wie auch zu den einzelnen Heiligen, auch wenn die Beispiele auf den deutschen Raum beschränkt bleiben. Eine ausführliche Bibliographie, je eine Liste der anderssprachigen Heiligennamen, der Fachbegriffe und der Attribute sowie ein bebilderter Teil zur Tracht von Geistlichen, Orden und Laien machen die Geschichten noch anschaulicher. Dieses sehr handliche Lexikon sollte auf keiner Entdeckungsreise von Kirchen fehlen. Ein Klassiker für jeden Kunstfreund, der in Kirchen wie in der Bibel die „Bilder" lesen möchte.

Meditationen, Zitate und Gebete

In der Stille
begegnen wir
der eigenen Sehnsucht
nach dem
Eigentlichen
Wenn Gott
erscheint,
schweigt die
ganze Natur
Im
Augenblick des
Schweigens kann
es geschehen, dass
unsere Wunden
schweigen
In der Stille
soll der Mensch
teilhaben an
der Ruhe Gottes

ANSELM GRÜN

Bleibt, ihr Engel, bleibt bei mir!
Führet mich auf beiden Seiten,
dass mein Fuß nicht möge gleiten.
Aber lehrt mich auch allhier,
euer großes Heilig singen
und dem Höchsten Dank zu bringen.
Bleibt, ihr Engel, bleibt bei mir!

KANTATE
ZUM MICHAELSFEST

L'église a un choeur gothique et un nef romane, les deux architectures étant là pour lutter de grandeur et d'élégance.

Die Kirche hat einen gotischen Chor und ein romanisches Schiff, die beiden Architekturen sollen sich in Großartigkeit und Eleganz übertreffen.

GUSTAVE FLAUBERT
ÜBER DEN
MONT SAINT-MICHEL, 1847

Meditationen, Zitate und Gebete

Heiliger Erzengel Michael,
verteidige uns im Kampfe;
gegen die Bosheit und die Nachstellungen
des Teufels, sei unser Schutz.
„Gott gebiete ihm", so bitten wir flehentlich;
du aber, Fürst der himmlischen Heerscharen,
stoße den Satan und die anderen bösen Geister,
die in der Welt umherschleichen,
um die Seelen zu verderben,
durch die Kraft Gottes in die Hölle.

PAPST LEO XIII

N'oubliez pas l'hospitalité,
Car c'est grâce à elle que quelques uns, à leur insu, héberg-
èrent des anges.

Vergesst die Gastfreundschaft nicht.
Dank ihrer beherbergen einige – ohne es zu wissen – Engel.

BRIEF AN DIE HEBRÄER 2,13

En accueillant les hommes, tu rencontres Dieu. Qui reçoit un semblable, en effet, reçoit le Christ,
et qui Le reçoit ainsi, reçoit celui qui l'a envoyé.
Par là même, il rencontre réellement le Père que personne n'a jamais vu. Ainsi l'accueil et le partage ouvrent-ils étonnamment à la contemplation de Dieu.
C'est pourquoi l'hospitalité a toujours été une vertu typiquement monastique.
Silence, ferveur, ascèse, solitude ne suffisent pas.
Seul l'amour est valeur suprême.

Wenn Du die Menschen empfängst, triffst Du Gott. Wer seinesgleichen empfängt, empfängt Christus.
Und wer ihn so empfängt, empfängt denjenigen, der ihn geschickt hat. Genau dadurch trifft er wirklich den Vater, den niemand jemals gesehen hat. So machen der Empfang und das Teilen bereit für die Betrachtung Gottes
So war die Gastfreundschaft immer eine typische mönchische Tugend. Stille, Inbrunst, Askese, Einsamkeit allein reichen nicht aus. Allein die Liebe ist von höchstem Wert.

BUCH DES LEBENS AUS JERUSALEM, § 39

Die Freude steckt nicht in den Dingen, sondern im Innersten unserer Seele.

THERESE VON LISIEUX

Anfahrt

Die Normandie liegt nur eine knappe Autostunde von Paris entfernt. Daher ist Paris eine gute Ausgangsposition. Gleichgültig, von wo aus man in die Normandie reisen möchte, es gibt viele Möglichkeiten. So bieten viele Billig-Fluglinien Verbindungen in die Normandie an. Das Straßennetz der Normandie – Nationalstrassen und gut ausgebaute Autobahnen – machen die Anreise mit dem Auto aus Frankreich und den Nachbarländern sehr bequem. Für die Normandie-Anreise mit der Bahn stehen den Urlaubern viele Zugverbindungen und TGV-Strecken zur Verfügung.

Mit dem Auto

Von der Südhälfte Deutschlands ist die Normandie am besten über die A6 in Richtung Metz zu erreichen. In Frankreich muss man dann der Beschilderung Reims auf der A4 folgen. Die von dort ausgeschilderte Strecke führt über die Autobahnen A26 und A29 (Amiens, Neufchâtel-en-Bray). Von Norden kommend bieten sich die Strecken über Aachen-Lüttich-Valenciennes oder Eindhoven-Antwerpen-Lille an. Da die Autobahnen in Frankreich von privaten Gesellschaften betrieben werden, sind sie auch mautpflichtig. Für die Strecke von Saarbrücken bis nach Paris muss man für einen PKW mit etwa 24,- Euro für die einfache Strecke rechnen.

Mit dem Flugzeug

Von allen größeren deutschen Flughäfen bestehen zahlreiche Verbindungen zu den Pariser Flughäfen „Charles de Gaulle“ und „Orly“. Von dort aus kann man seine Reise in die Normandie entweder mit einem Mietwagen oder mit dem Zug fortsetzen. Von den Städten Hamburg, Düsseldorf, Frankfurt am Main und München bietet Air France Flüge via Lyon in die folgenden normannischen Städte an: Rouen, Caen und Le Havre. Zu den wichtigsten Verkehrsflughäfen der Normandie findet man detaillierte Flughafeninformationen auf der Seite zur Normandie im Netz. Es gibt die Flughäfen Caen (Aéroport Caen), Cherbourg (L'aéroport de Cherbourg Maupertus), Deauville-Saint Gatien, Dinard (Aéroport de Dinard-Pleurtuit-Saint-Malo), Evreux (Militärflughafen), Granville in Bréville-sur-Mer, Le Havre (Octeville) und Rouen.

Mit dem Zug

Für die Normandie-Anreise mit der Bahn stehen den Urlaubern viele Zugverbindungen, darunter schnelle TGV-Strecken, zur Verfügung. So sind auch Wochenendtrips und Städtereisen in die Normandie lohnenswert. In Paris gibt es Verbindungen von drei verschiedenen Bahnhöfen in die Normandie. Vom **Gare St-Lazare** geht es nach Rouen, Caen oder Cherbourg; vom **Gare du Nord** über Beauvais nach Le Tréport und von **Montparnasse** nach Argentan und Granville.

Entfernungen im Überblick:

Köln – Rouen 520 km

München – Rouen 960 km

Rouen – Caen 125 km

Caen – Mont Saint-Michel 125 km

Auberge

Eine Auberge ist in der Regel ein kleines Hotel, etwas rustikal, aber meist sehr persönlich geführt, so wie die **Auberge St-Pierre** auf dem Mont Saint-Michel. Das Fachwerkhaus wurde im 15. Jahrhundert gebaut und steht unter Denkmalschutz. Dort erwartet einen jene harmonische Mischung aus antikem Charme und Komfort, die für das französische Land oft so typisch ist. In dem Wort Auberge steckt aber auch das deutsche Wort Herberge, das als Wortkombination auch im Französischen in den verschiedensten Ausprägungen vorkommt: vom 3-Sternehotel über die „Ferme-auberge" (das sind Bauernhöfe, auf denen man speisen und übernachten kann, oft auch **gîtes** genannt: **www.gites-de-france.com**, **www.bienvenue-a-la-ferme.com**) bis hin zur **Auberge de jeunesse**, der Jugendherberge.

Atout France/ Maison de la France

Bis vor kurzem hieß die Einrichtung, die sich um die Förderung und Entwicklung des Fremdenverkehrs in Frankreich kümmerte und die Interessen des französischen Staats vertrat, „Maison de la France". Durch die Fusion von **Maison de la France** und der französischen **Agentur für Tourismusentwicklung, ODIT France** (bisher nur im Inland aktiv), entstand nun eine schlagkräftige staatliche Tourismusorganisation, die die Herausforderungen des französischen Tourismus mit vereinten Kräften meistern will: Atout France – Französische Zentrale für Tourismus, Zeppelinallee 37, 60325 Frankfurt am Main, Tel. 0900 1 57 00 25, **www.franceguide.com**

Bank

Die Landeswährung in Frankreich ist wie bei uns der Euro. Man kann an fast allen Bankautomaten Geld ziehen. Geldautomaten gibt es an vielen Stellen. Es werden fast überall, oft auch im Supermarkt, Kreditkarten akzeptiert (die gängigsten: Mastercard und Visa).

Behinderte

Behinderte (französisch: **handicapés** oder **personnes à mobilité réduite**) möchten einen barrierefreien Urlaub auch in Frankreich genießen. Dann sollten sie sich vorher auf der Internetseite **www.franceguide.com** informieren. Dort werden touristische Einrichtungen mit der Auszeichnung „**Tourisme & Handicap**" aufgeführt. Das Gütezeichen führt Menschen mit Körper-, Seh-, Hör- oder geistiger Behinderung zuverlässig zu einheitlichen und objektiven Informationen über die Zugänglichkeit von Sehenswürdigkeiten und anderen touristischen Anlagen. Auf dem Deich des Mont Saint-Michel befinden sich gekennzeichnete reservierte Parkplätze (4 € pro Tag) etwa 200 Meter vom Eingangstor entfernt. Bei starken Gezeiten müssen die Fahrzeuge allerdings zwei Stunden vor und nach der Flut entfernt werden. Parkwächter informieren darüber. Vom Parkplatz aus führt ein leicht ansteigender Weg ohne Treppenstufen bis zur Pfarrkirche St-Pierre. Um in die Abtei zu gelangen, sind allerdings 350 Stufen zu überwinden. Einen Aufzug gibt es nicht. Alternativ bieten sich daher Audioguides oder spezielle Führungen an.

Buchhandlung

Auf dem Mont Saint-Michel gibt es zwei große, gut sortierte Buchhandlungen, darunter die **Librairie Siloe** in der Grande Rue ganz in der Nähe des Pilgerempfangs. Sie gehört zu einer Gruppe von 60 Buchhändlern, die in Frankreich religiöse Bücher vertreiben. In der Abtei selbst findet man eine weitere große Buchhandlung, die alles rund um das Thema Mont Saint-Michel vertreibt, und das in verschiedenen Sprachen. Daneben ist die Auswahl an ausgefallenen Souvenirs groß.
Öffnungszeiten: 9.45-11.45 Uhr und 14-17.45 Uhr (außer sonntags und montags),Tel.: 02 33 60 28 74
www.siloe-librairies.com

Brocante

Trödeln und Sammeln gehört neben Kino und Fernsehen zu den liebsten Freizeitbeschäftigungen der Franzosen. Rund um das Jahr locken rund 50 000 Flohmärkte in unterschiedlichen Formen, darunter **marchés aux puces**, **brocantes**, **vides greniers** (den Speicher leeren), Antiquitätenmärkte (**salons des antiquaires**), Messen (**foires**), **bric-a-brac** oder **bourse aux collections**, die mehr als eine Million Menschen anlocken, so die „Grande Braderie" in Lille. Regelmäßige Flohmärkte gibt es in Caen, Deauville, Lisieux, Rouen.
Bei einer klassischen Brocante findet man oft sehr hübsche und dekorative Dinge wie Teller, Silberleuchter, alte Gläser, und dies in erstaunlicher Qualität, wie bei Danielle Bourdette-Gorzkowski, 5, Quai Saint Etienne in Honfleur.

Chambre d'hôtes

Das Chambre d'hôtes ist ein bed & breakfast à la française. Man wohnt oft in zauberhaften alten Gemäuern, mal auf dem Bauernhof, mal in einem persönlich eingerichteten Appartement in der Stadt: eine nahezu ideale Übernachtungsvariante für die ländliche Normandie. Ein Ort wie im Garten Eden mitten in der Altstadt von Honfleur und ganz in der Nähe der alten Holzkirche Saine-Catherine ist das Chambre d'hôtes von Liliane Giaglis in der rue du Puits in Honfleur (**www.giaglis.com**). Da bekommt man dann außerdem hautnah mit, wie der köstliche Apfelgelee, den es zum Frühstück gibt, eingekocht wird. Charmant geht auch in Granvilles Altstadt bei Nadera & Eric Pertotin im „Le Logis du Roc" zu. Allgemeine Adressen: **www.chambresdhotes.org**

Crêperie

Zur Crêpe, der normannisch-bretonischen Form des Pfannkuchens, wird in der Crêperie meist der frische Cidre getrunken. Die hauchzarten Crêpes, die traditionell auf einer runden, gusseisernen Platte zubereitet werden, sind meist geschmacksneutral. In der Normandie werden sie daher süß belegt mit Zucker, Konfitüre, frischen Früchten, Nuss-Nougat-Creme oder sie werden schlicht mit gesalzener Butter genossen. Bei der herzhaften Variante nimmt man zum Beispiel Schinken, Käse, Ei, Fisch oder Gemüse. Köstlich und unkompliziert! Man findet besonders gute Crêperien im Pays d'Auge. Zu den traditionellen Crêperien auf dem Mont Saint-Michel gehört **La Sirène**, Tel: 02 33 60 08 60.

Feste und Feiertage

Mont Saint-Michel: Am **29. September** ist das **Fest des hl. Michael**. Dieses Fest wird nicht nur am Tag selbst auf dem „Mont", sondern auch am zeitnahen Wochenende mit einer Michaelsfeier der Diözese Coutances zelebriert. Im Juni findet der St-Michel-Marathon statt (**www.montsaintmichelmarathon.com**). Ende Mai gibt es in **Rouen** das **Jeanne d'Arc Festival**. Am letzten Sonntag im Juli wird in **Granville** ein Gottesdienst der Seeleute unter freiem Himmel am Hafen gefeiert. Am Abend ziehen die Gläubigen mit Fackeln durch die Stadt und tragen eine Marienstatue wieder zurück in ihre Kirche Notre Dame in der Oberstadt. Wichtige Feiertage sind auch der **8. Mai** (Tag der deutschen Kapitulation), der **14. Juli** (französischer Nationalfeiertag), der **15. August** (Mariä Himmelfahrt) und der **1. November** (Allerheiligen), wo ganze Familien in Frankreich auf den Beinen sind.

Gezeiten

Ebbe und Flut bestimmen das Leben der Menschen an der Küste und auf dem Mont Saint-Michel ganz besonders. Zwischen dem höchsten und dem tiefsten Stand des Meeres liegen etwa sechseinviertel Stunden Zeit (Tidenhub). Der Vorgang verschiebt sich von Tag zu Tag um etwa 50 Minuten, weil Erdumdrehung und Mondumrundung nicht ganz zusammenpassen. Der größte **Tidenhub** in der Bucht des Mont Saint-Michel ist in Granville, mit einem Höhenunterschied von bis zu 16 Metern. Eindrucksvoll, wie die Gischt an die Klippen brandet!

Gottesdienst

Die vom Kloster zelebrierten Messen werden von den **Brüdern und Schwestern der Monastischen Gemeinschaft von Jerusalem** in der Abteikirche auf dem Mont Saint-Michel auf Französisch gesungen. Wenn man daran teilnehmen will, sollte man sich zehn Minuten vor Beginn an der Klosterpforte anmelden. Die **Laudes** finden von Dienstag bis Samstag täglich um 7 Uhr statt, die Mittagsmesse um 12.15 Uhr und die **Vesper** um 18.30 Uhr. Am Sonntag beginnen die Laudes um 8 Uhr und die **Mittagsmesse** um 11.30 Uhr. Sonntags- und Montagsabends findet keine Messe statt, auch nicht zwischen dem 22. und 31. August. Die Brüder und Schwestern nehmen Ende August eine Auszeit der Stille.
Die Weihnachtsmesse wird feierlich am 24. Dezember um 23.30 Uhr begangen. Sylvester beginnt um Mitternacht ein **Friedensgottesdienst**. An jedem Donnerstag gibt es zwischen 20.30 und 0.30 Uhr eine Beichtgelegenheit in der Kirche St-Pierre.

Kloster

Als Nachfahren der Benediktinermönche leben heute auf dem Mont Saint-Michel die **Monastischen Gemeinschaften von Jerusalem** mit jeweils zwei Instituten für Brüder und Schwestern. Sie sehen ihre Berufung darin, in der „Wüste der Stadt" Oasen des Gebets, der Stille und des Friedens zu schaffen. Gegründet wurden die Jerusalem-Gemeinschaften 1975 in Paris in Saint-Gervais durch Bruder **Pierre-Marie Delfieux,** ehemals Studentenpfarrer der Sorbonne. Heute sind sie vertreten in Paris, Vézelay,

Straßburg, auf dem Mont-Saint-Michel, in Brüssel, Florenz, Montreal, Rom und Köln sowie an zwei Orten der geistlichen Begegnung und Einkehr: Magdala in der Sologne (bei Orléans) und in Gamogna in der Toskana. Die Brüder und Schwestern leben dasselbe Grundcharisma des geschwisterlichen Lebens, des Gebets, der Arbeit und der Gastfreundschaft „im Herzen der Städte" oder „im Herzen der Welt". Sie legen einen besonderen Wert auf die Schönheit der Liturgie, die sie als eine Oase des Friedens verstehen, aus der jeder Kraft schöpfen kann, um am Abend, am Morgen oder am Mittag in der Hektik der Städte frischen Atem holen zu können.

Office de Tourisme

Die Normandie setzt sich aus zwei Verwaltungsregionen zusammen: der Oberen und der Unteren Normandie. Sie wiederum sind untergliedert in Departements. Die **Untere Normandie** besteht aus den Departements **Calvados**, **Manche** und **Orne**. **Eure** und **Seine-Maritime** bilden die **Obere Normandie**. (s. www.normandie-tourisme.fr, www.calvados-tourisme.com, www.manche-tourismus.com, www.seine-maritime-tourisme.com).
Das **Fremdenverkehrsamt** (Office de Tourisme) bietet in den meisten französischen Städten die erste Orientierung. Das **Office du Tourisme du Mont-Saint-Michel** liegt gleich neben dem Stadttor; www.ot-montsaintmichel.com. Weitere wichtige Seiten: www.ville-avranches.fr, www.ville-granville.fr; www.rouentourisme.com.

Daneben gibt es das **Comité Régional de Tourisme de Normandie (CRT)** in Evreux: www.normandie-tourisme.fr (deutsch).

Pavillon

Die Baumaßnahmen gegen die Verlandung an der Bucht des Mont Saint-Michel haben 2009 begonnen. Der „Mont“ bleibt aber zugänglich. In einem Info-Pavillon auf dem Deich kann man sich über das Projekt auf dem Laufenden halten.
www.projetmontsaintmichel.fr

Pardons

Am Pfingstwochenende findet in Honfleur die Wallfahrt der Seeleute mit Meeressegnung statt (**La fête des marins**). Nach der großen „**Pèlerinage des grèves**“von **Genêts** Ende Juli zieht eine Prozession vormittags in die Abtei auf den **Mont Saint-Michel**.
Am 1. Wochenende im Oktober wird das Fest des Erzengels Michael auf dem Mont Saint-Michel gefeiert (**La fête de l‘Archange St-Michel**).
In **Granville** wird am letzten Juli-Wochenende eine offene Messe am Hafen zelebriert. Eine Prozession der Seeleute, Fischer und Zünfte mit ihren Bannern (**Pardon du Cap Lihou**) trägt die Muttergottes zurück in die Kirche Notre Dame in die Oberstadt von Granville.
In Lisieux findet am 15. August eine **Wallfahrt zu Ehren der hl. Therese von Lisieux** statt und am letzten Septemberwochenende ein Umzug mit dem Reliquienschrein der Heiligen.
www.therese-de-lisieux.com.

Pilgerempfang

Das Haus des Pilgers (**Maison du pèlerin**) liegt fast am Ende der Grande Rue auf dem Mont Saint-Michel (La Maison du Pèlerin, Sanctuaire du Mont Saint-Michel, 50170 Le Mont-Saint-Michel, Tel: 02 33 60 14 05, Fax: 02 33 60 14 26, Mail: sanctuaire.saint.michel@wanadoo.fr) und ist eine erste Anlaufstelle. Wer sich individuell zurückziehen möchte, kann sich an das Kloster wenden: **Fraternités monastiques de Jérusalem** (Tel.: 02 33 58 31 71, Mail: hotellerie@abbaye-montsaintmichel.com). Die Plätze für Übernachtung sind begrenzt. Alternativen sind die Hotels. Andere Angebote für Pilger: 8 Plätze in einfachen Bungalows gegenüber dem Deich. Kontakt über **Motel Vert** unter Tel: 02 33 60 09 33, Fax: 02 33 60 20 02. In **St-Jean-le-Thomas** gibt es den Pilgerempfang **l'Etoile de la mer** der „Sœurs de Notre-Dame du Mont-Carmel" (Tel: 02 33 48 84 24, Fax: 02 33 48 99 80), in Beauvoir gibt es den **Gîte d'étape** „la Tanière" (19 Plätze, Tel: 06 82 29 49 63) und in **Pontorson** eine Jugendherberge: **Auberge de Jeunesse de Pontorson** (Tel: 02 33 60 18 65). Während der Schulferien kann man auch im Gymnasium von **Avranches** („Notre Dame de la Providence") übernachten (Tel: 02 33 58 02 22). Führer und Scouts können sich an Mr et Mme de Beaulaincourt (Tel: 02 33 48 37 32)oder für ein **gîte** an fix.flo@mont-saint-michel-gites.com wenden.

Wetter/Reisezeit

Das Wetter ist bisweilen so wechselhaft wie der Himmel mit seinen Wolken-und Farbformationen.

Das beste ist, etwas mehr Zeit einzuplanen, um einen weniger schönen Tag überbrücken zu können. Die kulinarischen „Randbedingungen“ lassen dies ohne weiteres verschmerzen.

Restaurants

Auf dem Mont empfiehlt sich neben dem Restaurant der „Mère Poulard“ das Restaurant der Auberge Saint-Pierre in der Grande Rue: **www.auberge-saint-pierre.fr**. Günstig, landestypisch und schnell serviert ist der „Landesteller“. Adressen findet man im „Guide normand de l'Assiette de Pays“, den man in den Fremdenverkehrsämtern erhält, oder auf der Internetseite: **www.normandie-pays.com**. Ein empfehlenswertes Restaurant in Rouen nahe der Kathedrale ist: **Le Rouennais**, 5, rue de la pie, 76000 Rouen, Tel: 02 35 07 55 44.

Souvenirs

In der Grande Rue auf dem Mont Saint-Michel lässt sich für jeden Geschmack etwas finden. Das Emblem der Bergsilhouette zieht sich durch fast alle Devotionalien. Mit besonderen Andenken für kulturinteressierte Pilger kann vor allem die Abtei-Buchhandlung aufwarten: herrliche Kunstbände, religiöse Texte, Münzen, Jakobsmuscheln, Replikate von Tapisserien, Inkunabeln, CDs. Historische Pilgerandenken findet man in Courtils in der **Atelier-Galerie Laurette**. Auch das Kloster bietet Kunsthandwerkliches. So stellen sie Rosenkranzketten aus Halbedelsteinen her oder die typischen Mönchssandalen aus braunem und schwarzem Leder.

Telefon

Für öffentliche Telefonzellen (selten geworden) braucht man eine Telefonkarte (**télécarte** mit 50 oder 120 Einheiten), die es in Postämtern, Télecom-Agenturen oder im **Bar Tabac** gibt. In den Telefonzellen kann man sich auch anrufen lassen, sogar aus dem Ausland.

Die französischen Telefonnummern sind grundsätzlich zehnstellig. Die Nummern in Paris und Umgebung beginnen mit 01, in Nordwestfrankreich mit 02, Handynummern mit 06, Gratisnummern mit 0800. Diese sind jedoch nicht vom Ausland aus anwählbar. Kostenpflichtige Servicenummern beginnen mit 08 36.

Telefoniert man **vom Ausland nach Frankreich**, so wählt man zunächst die **00 33** und dann die Teilnehmernummer ohne die in Frankreich vorgeschaltete 0. Von Frankreich nach Deutschland wählt man zunächst 00 49, nach Österreich 00 43 und in die Schweiz 00 41 und lässt auch die 0 weg.

Vélo

Im Land der Tour de France spielt das Fahrrad eine besondere Rolle. Vor allem das Seine-Tal eignet sich hervorragend zum Fahrradfahren. Auch die Bucht des Mont Saint-Michel lässt sich auf dem Watt bei Ebbe per Fahrrad überqueren. Es lohnt sich, das Hinterland zu entdecken. Die alten Eisenbahnstrecken an der Bucht sind in „grüne Strecken“ – Wander- und Fahrradwege – umgewandelt worden. Zwölf „véloroutes“ laden ein, auch für Familienausflüge. An grünen Hinweisschildern kann man sich orientieren. Infos im Netz unter: **www.manche-randonnee.com** und unter: **www.pays-baie mont-saint-michel.fr**. **manchetourisme@cg50.fr**. Telefonische Auskünfte auch unter dem Stichwort **Cyclo-découverte:** 02 33 05 98 70.

In den Städten wie Caen kann man Fahrräder ausleihen, um sich in der Stadt schneller und bequemer umschauen zu können. In Caen heißt die Aktion: **V'éol**. 40 Verleihpunkte mit 350 Fahrrädern stehen dem Besucher dort zur Verfügung.

Ein Vélo kann auf verschiedene Weise gebucht werden: via Handy, mit Kreditkarte oder per SMS mit Eingabe VEOL an 00 33 607 453 225 oder per Internet. Infos unter: **wap.veol.caen.fr**

Zeitung/ Zeitschrift

Die größte Regionalzeitung ist die Tageszeitung **Ouest France** mit jeweils unterschiedlichen Ausgaben für die Unterregionen und Departements wie das **Calvados**, die **Orne** und die **Manche** (Ärmelkanal). Die Tageszeitung **La Presse de la Manche** ist ausschließlich im Departement Manche zu finden. Die Zeitung **Paris-Normandie** (der Titel spiegelt die alte Verbindung) wird fast nur in der Haute-Normandie vertrieben. Zeitungen werden entweder am Kiosk, im „Bar Tabac", im „Maison de la Presse" oder in Presseabteilungen der Supermärkte verkauft. Interessant für Pilger ist die alle zwei Monate erscheinende Zeitschrift **Le Pèlerin** oder **Sources vives**, die Zeitschrift der monastischen Gemeinschaft. Zu bestellen per Internet: **www.abbaye-montsaintmichel.com**

Orts-, Sach- und Personen-Register

Impressum

Pilgerbuch Verlag GmbH
Kullmannstr. 4
D-60435 Frankfurt am Main
E-Mail: info@pilgerbuch-verlag.de
Internet: www.pilgerbuch-verlag.de

Autorin: Petra Kammann
Die Romanistin, Philosophin und Journalistin veröffentlicht seit über 25 Jahren Beiträge zu kulturellen, literarischen, philosophischen Lebensart- und Reisethemen. 15 Jahre lang hat sie in Frankfurt als Chefredakteurin das vom Börsenverein des Deutschen Buchhandels herausgegebene Buch-Journal redaktionell verantwortet. Bislang erschienen im Pilgerbuch Verlag von ihr die Pilgerreiseführer „Assisi" und „Lourdes und andere Pilgerorte in Midi-Pyrénées". Heute lebt Petra Kammann als Chefredakteurin und Herausgeberin *des Journals für Kultur, Kommerz & Lebensart an Rhein & Ruhr* ... IN RHEINKULTUR (www.inrheinkultur.de) in Düsseldorf.

Fotos:
Alle Fotos von Petra Kammann

Außer Titel: Imagence/MG Design et Syndicat Mixte Baie du Mont-Saint-Michel, S. 6, 119, Maison de la Baie, S. 40, 44, Musée de la Tapisserie de Bayeux S. 47, Andrea Soelter, S. 43, 88, Klappe: Diocèse de Coutances, Office du Tourisme du Mont Saint-Michel, www.ot-montsaintmichel.com

Alle Angaben in diesem Reiseführer sind gewissenhaft geprüft. Preise, Öffnungzeiten usw. können sich aber schnell ändern. Für eventuelle Fehler übernimmt der Verlag keine Haftung.

Gestaltung: spoon design, Langgöns
Druck: Boss Druck GmbH, Goch

ISBN 978-3-941391-06-2
1. Auflage 2009

Notizen

Notizen